Wissen GeNiaL

Autorin: **Petra Ignatzy**
hat Technikjournalismus an der FH Bonn-Rhein-Sieg studiert. Seit 2010 arbeitet sie als selbstständige Lektorin für Schulbuchverlage und schreibt Kindersachbücher. Sie hat sich darauf spezialisiert, jungen Menschen komplexe Themen aus Technik und Wissenschaft spannend aufbereitet zu erklären.

Fachberater: **Dr.-Ing. Christian Sahr**
ist Oberingenieur am Institut für Kraftfahrzeuge der RWTH Aachen. Das Automobil lebt von der Kreativität und der Begeisterung des qualifizierten Nachwuchses. Daher ist es ihm ein Anliegen, das Interesse an der Materie früh zu wecken und Kindern das Auto und seine Technik näherzubringen.

Konzept und Text: Petra Ignatzy
Fachberatung: Dr.-Ing. Christian Sahr
Redaktion: Lisa Maurer
Gesamtherstellung:
Schwager & Steinlein Verlag GmbH
Emil-Hoffmann-Straße 1, D-50996 Köln

www.schwager-steinlein-verlag.de

Wissen GeNiaL

AUTOS

Konzept und Text von **Petra Ignatzy**

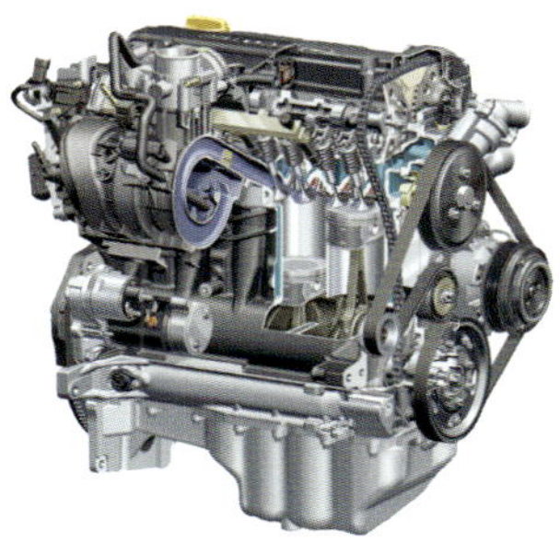

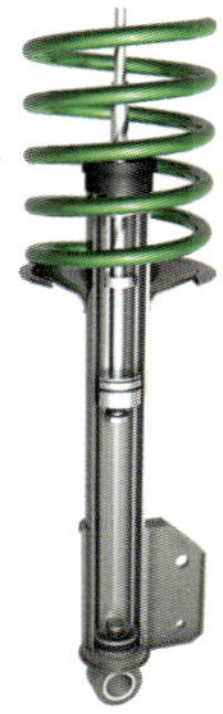

Schwager & Steinlein

Inhalt

Wie alles begann

Die Erfolgsgeschichte des Autos begann mit der Erfindung des Verbrennungsmotors. Autos sahen aber nicht immer so aus wie heute. Das allererste hatte sogar nur drei Räder.

6

Schnell unterwegs

Viele PS, windschnittige Karosserien und leistungsstarke Motoren sind bei vielen Autofans heiß begehrt. Aber: Nicht überall darf man so schnell fahren, wie man will.

32

Ein neues Modell entsteht

Wie soll das Auto aussehen? Welche Technik braucht es? Diese und andere Fragen stellen sich die Hersteller bei der Planung eines neuen Modells. Die dauert meistens Jahre und ist streng geheim!

20

Formel 1

Bei der berühmten Rennserie treten die bekanntesten Hersteller, die schnellsten Rennwagen und die besten Fahrer gegeneinander an. Die Formel 1 hat Millionen Fans auf der ganzen Welt.

38

Rekorde und Kuriositäten

Menschengroße Reifen, schwimmende Autos und Wagen, die eher wie eine Rakete aussehen – das und vieles mehr bieten kuriose Erfindungen und Wunder der Autotechnik.

42

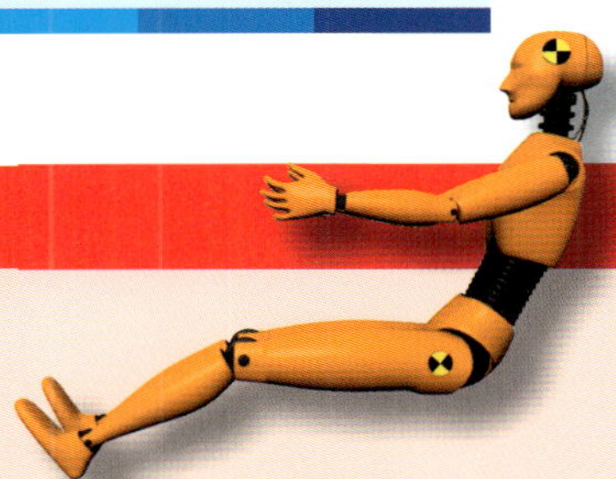

Autos

Ob groß oder klein, blau oder rot, windschnittig oder geräumig: Auf den Straßen sind viele verschiedene Autos zu sehen. Wir fahren mit ihnen in den Urlaub, zur Arbeit oder zum Einkaufen. Ein Leben ohne Autos ist für uns deshalb nur schwer vorstellbar. Auch an Taxis, Busse und Lkws als Transportmittel haben wir uns gewöhnt. Das Auto ist eines der wichtigsten Verkehrsmittel unserer Zeit.

Welche Arten von Autos gibt es?

Autos gibt es in vielen verschiedenen Preisklassen und für jeden Geschmack: Kleinstwagen kommen in fast jede Parklücke, in Kombis passt viel Gepäck rein, und in Cabrios kann man sich den Wind um die Ohren sausen lassen. Offiziell werden Autos je nach Größe und Art in verschiedene Klassen eingeteilt. Dabei gibt es in allen Klassen Autos mit verschiedenen Karosserieformen, wie z. B. Cabrios, Kombis oder Limousinen. Fast alle Autos mit geschlossenem Dach nennt man Limousinen.

Auswahl an Klassen:
① Kleinstwagen (Smart Fortwo)
② Mittelklasse (VW Golf)
③ Oberklasse (5er BMW)
④ Luxusklasse (Mercedes S-Klasse)
Auswahl an Karosserieformen:
⑤ Cabrio (Audi A4)
⑥ Kombi (Ford Focus Turnier)

Aus welchen Teilen besteht ein Auto?

Jedes Auto besitzt eine Karosserie, ein Fahrwerk, einen Motor, ein Getriebe und Elektronik. Durch die Karosserie bleibt das Auto stabil, und die Insassen sind – etwa bei einem Unfall – geschützt. Das Fahrwerk verbindet das Auto über die Räder mit der Straße. Der Motor sorgt für den Antrieb, indem er seine erzeugte Kraft an das Getriebe weitergibt. Dieses wiederum überträgt die Kraft auf die Räder, und das Auto fährt. Die Elektronik regelt mithilfe von Leitungen und Steuergeräten die Funktion vieler Bauteile, wie z. B. die des Airbagsystems oder des Katalysators.

Pkw, Bus und Lkw

Meistens sind mit Autos nur die Personenkraftwagen (Kurzwort: Pkw) gemeint. Aber auch Busse und Lastkraftwagen (Kurzwort: Lkw) sind Autos. Sie zählen zu den Nutzfahrzeugen. Auto ist übrigens das Kurzwort für Automobil, was „selbstbeweglich“ bedeutet.

Jeder **Hersteller** hat eine eigene **Automarke** und ein eigenes **Logo**.

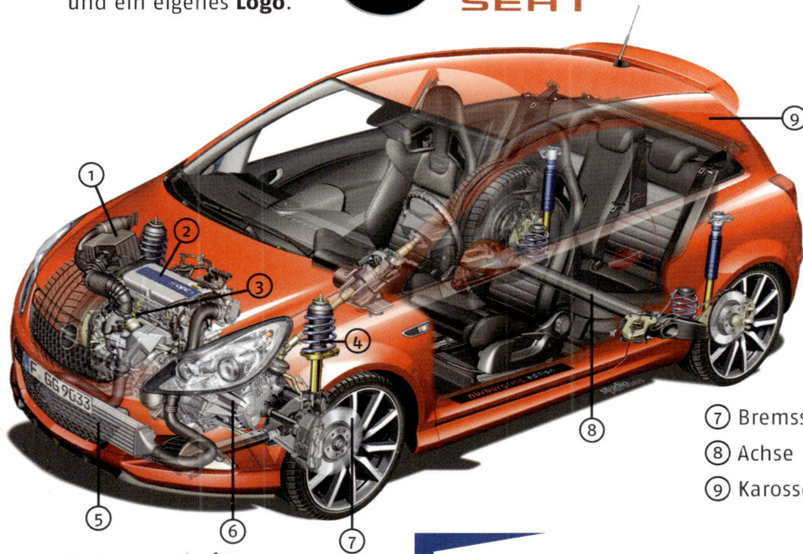

⑦ Bremsscheibe
⑧ Achse
⑨ Karosserie

Autoquerschnitt:
① Batterie
② Motor
③ Ölmessstab
④ Feder mit Stoßdämpfer
⑤ Kühler
⑥ Getriebe

Der Fahrer bedient das Auto vom **Fahrersitz** aus.

Wie wird ein Auto gesteuert?

Der Fahrer steuert die Räder des Autos mit dem Lenkrad nach rechts oder links. Mit der Gangschaltung, der Kupplung und dem Gaspedal regelt er die Geschwindigkeit. Wenn er auf das Bremspedal tritt, fährt das Auto langsamer oder kommt ganz zum Stehen.

Wie viele Autos gibt es auf der Welt?

Weltweit waren 2011 über 740 Millionen Pkws und 310 Millionen Busse und Lkws unterwegs. Das sind über eine Milliarde Autos! Zum Vergleich: 1950 gab es weltweit „nur" etwa 70 Millionen Autos.

Woher haben die Autos ihre Namen?

Autonamen bestehen aus zwei Teilen: dem Herstellernamen und der genauen Modellbezeichnung. Die Herstellernamen sind oft die Namen der Firmengründer oder Abkürzungen. Ford wurde z. B. nach dem Gründer Henry Ford benannt, und BMW ist die Abkürzung für „Bayerische Motorenwerke". Bei den Modellbezeichnungen geht es meist abenteuerlicher zu: Ortsnamen, Sportarten und vieles mehr verwenden die Hersteller dabei. Seat hat etwa ein Modell namens Ibiza, und Fiat verkauft eines mit dem Namen Panda.

Begriffe rund ums Auto

Karosserie – Außenhaut, die dem Auto seine Form verleiht und die Insassen schützt
Kühlergrill – Gitter, das den kalten Fahrtwind zum Kühlwasser leitet
Tachometer – zeigt an, wie schnell das Auto fährt
Federn – federn die Stöße der unebenen Fahrbahn ab
Stoßdämpfer – dämpfen die Bewegung der Federn, damit das Auto nicht auf und ab schwingt

⑥

③

Wie alles begann

Bis vor rund 130 Jahren waren Pferdekutsche und Dampfeisenbahn die wichtigsten Verkehrsmittel für die Menschen. Dann gab es Dampfwagen, aber erst die Erfindung des Verbrennungsmotors brachte den Durchbruch für das Auto. Autofahren war zu Beginn sehr teuer und nicht so bequem wie heute. Die Menschen holperten in kutschenähnlichen Fahrzeugen auch eher langsam über die Straßen. Autos funktionieren aber heute noch fast genauso wie damals.

Mit seinem **Dampfauto** fuhr **Cugnot 1771** gegen eine Mauer und baute so vermutlich den ersten Autounfall überhaupt.

Wer hat das erste Auto erfunden?

Bereits 1765 entwickelte Nicholas Cugnot den ersten aus eigener Kraft angetriebenen Wagen, der mithilfe von Wasserdampf fuhr. Der Erfinder des ersten modernen Autos ist aber Carl Friedrich Benz. Sein Patent-Motorwagen von 1886 sah aus wie eine Kutsche und hatte nur drei Räder. Er wurde von einem Verbrennungsmotor angetrieben und fuhr mit Benzin. Zu verdanken hat Benz seinen Erfolg vor allem Nicolaus August Otto, der bereits um 1876 den nach ihm benannten Ottomotor erfunden hatte.

Nicolaus August Ottos Verbrennungsmotor war als Viertaktgasmotor konzipiert.

Seit wann gibt es Autos mit vier Rädern?

Ebenfalls im Jahr 1886 stellte Gottlieb Daimler zusammen mit Wilhelm Maybach einen Wagen mit Verbrennungsmotor vor. Dieser sah zwar auch wie eine Kutsche aus, aber im Gegensatz zu Benz' Dreirad hatte er vier Räder! Daimlers vierrädrige Motorkutsche war eine Sensation. Bald wurden nur noch Wagen mit vier Rädern gebaut, weil sie viel stabiler waren.

Gottlieb Daimler wird in der von ihm erfundenen, vierrädrigen **Motorkutsche** gefahren.

Carl Friedrich Benz gilt als Erfinder des ersten Autos.

Der **Patent-Motorwagen** von Benz hatte nur drei Räder.

1888 fuhr **Bertha Benz** mit dem **Patent-Motorwagen** 100 Kilometer weit, von Mannheim nach Pforzheim. Während dieser ersten Fernfahrt der Geschichte musste sie an einer Apotheke halten und „tanken", denn nur dort konnte man damals Benzin kaufen.

Oldtimer

Oldtimer sind Autos, die 30 Jahre oder noch viel älter sind. Sie sind oft wertvolle Sammlerstücke und deshalb sehr teuer. Auf Oldtimertreffen kann man die alten Wagen aus nächster Nähe bewundern.

Pferdestärke

Die Motorleistung wird in Kilowatt oder wie früher in Pferdestärken (PS) gemessen. 1 PS = 1 Pferd, das einen Wagen (500 kg) eine Steigung hochzieht.

Wie funktionierten die ersten Autos?

Im Gegensatz zu den Kutschen wurden die ersten Autos nicht mehr von Pferden gezogen, sondern von einem Motor vorangetrieben. Um diesen anzulassen, musste per Hand das große Schwungrad hinten am Wagen gedreht werden. Mit einem Lenkrad und einer Lenkstange wurden die Vorderräder bewegt. Die ersten Autos hatten nur ein oder zwei Gänge und keinen Rückwärtsgang. Wenn man wenden wollte, musste man also Kurven fahren. Viele Bauteile an den Wagen waren aus Eisen oder Holz, wie z. B. die großen Speichenräder.

Wie schnell fuhren die ersten Autos?

Der Patent-Motorwagen von Benz und die Motorkutsche von Daimler hatten beide knapp 1 PS und fuhren etwa 16 km/h. So schnell ist man auch bei einer gemütlichen Fahrradfahrt.

Durch die **Fließbandproduktion** wurde das Auto ein Massenprodukt.

Wodurch wurde das Auto massentauglich?

Die Erfolgsgeschichte des modernen Autos begann 1913, als Henry Ford die Fließbandproduktion für den Autobau einführte. Jeder Arbeiter war von nun an nur noch auf eine Aufgabe spezialisiert, wie etwa den Einbau der Sitze. Autos konnten so schneller, günstiger und in größeren Mengen hergestellt werden. Dadurch sanken die Verkaufspreise, und immer mehr Menschen konnten sich ein eigenes Auto leisten.

Der Motor – das Herzstück

Der Motor ist wie das Herz des Autos: In seinem Inneren wird der Kraftstoff, also Benzin oder Diesel, verbrannt. Dadurch erzeugt man Kraft in Form von Bewegung, die bis zu den Rädern übertragen wird. Umso stärker man das Gaspedal tritt, umso mehr Kraftstoff gelangt in den Motor, und umso schneller fährt das Auto. Damit alle Bauteile gut beweglich bleiben, werden sie mit Motoröl geschmiert. Die heißen Teile kühlt das Kühlwasser, das um den Motor läuft. Die meisten Verbrennungsmotoren sind Viertaktmotoren und arbeiten mit vier Zylindern, wie etwa der Ottomotor.

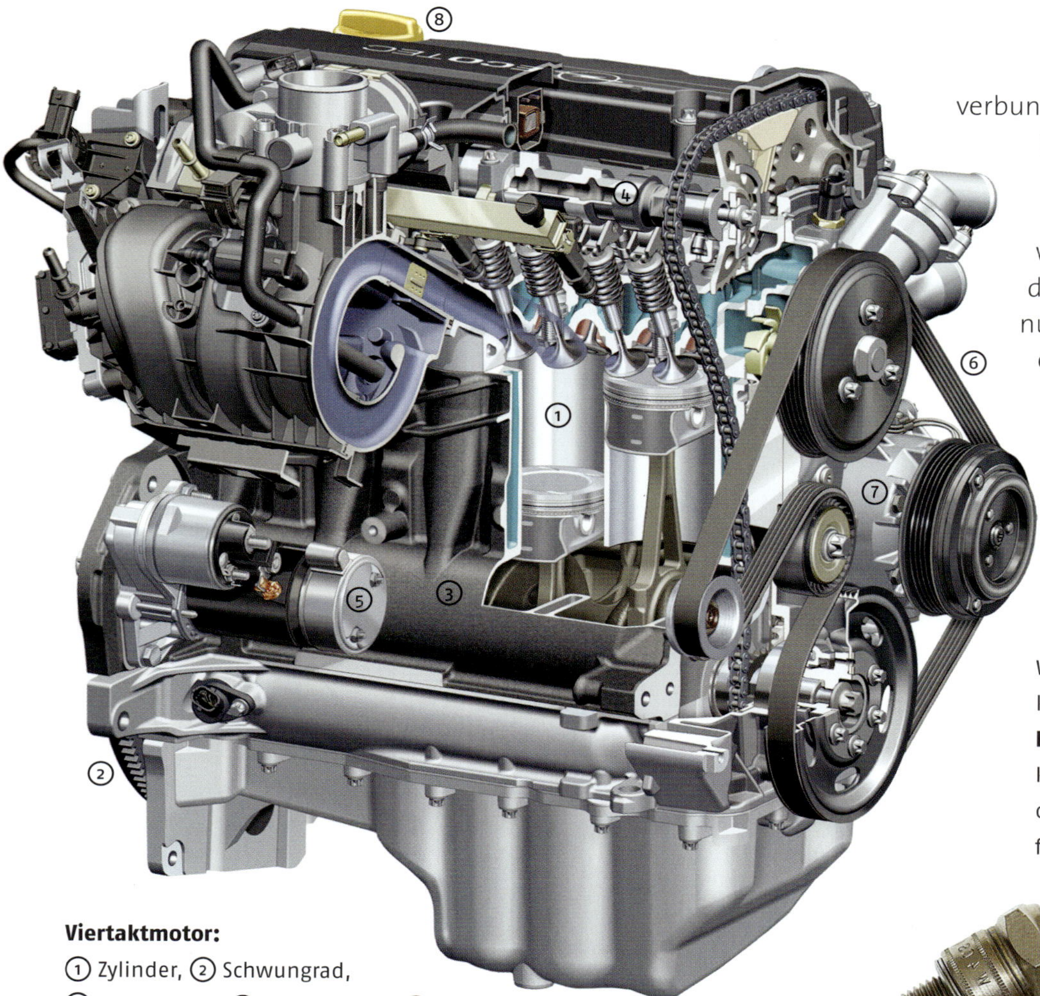

Viertaktmotor:
① Zylinder, ② Schwungrad, ③ Kurbelwelle, ④ Nockenwelle, ⑤ Anlasser, ⑥ Keilriemen, ⑦ Lichtmaschine, ⑧ Öleinfüllstutzen

Wie funktioniert ein Ottomotor?

Die wichtigsten Bauteile des Ottomotors sind seine Zylinder. Das sind röhrenförmige Metallkammern, in denen sich Kolben auf und ab bewegen. Sie sind über Pleuelstangen mit der Kurbelwelle verbunden, die sich dadurch mitdreht. Die Kurbelwelle überträgt die Bewegung über das Getriebe schließlich auf die Räder. Bewegt werden die Kolben durch den Druck, der bei der Verbrennung des Benzin-Luft-Gemischs entsteht. Dafür entzündet eine Zündkerze mit einem elektrischen Funken das Gemisch, sodass es explodiert. Dieser Verbrennungsvorgang in den Zylindern findet in vier Schritten statt, die auch Takte genannt werden.

Wenn ein Ottomotor stark ruckelt, kann das an einer defekten **Zündkerze** liegen. Der zugehörige Zylinder kann ohne den elektrischen Funken der Kerze nämlich nicht arbeiten und fällt aus.

Zündkerze

Benzin und Diesel

Die Kraftstoffe Benzin und Diesel werden zwar beide aus Erdöl hergestellt, aber sie sind chemisch unterschiedlich zusammengesetzt. Wenn ein Auto den falschen Kraftstoff tankt, kann das den Motor zerstören.

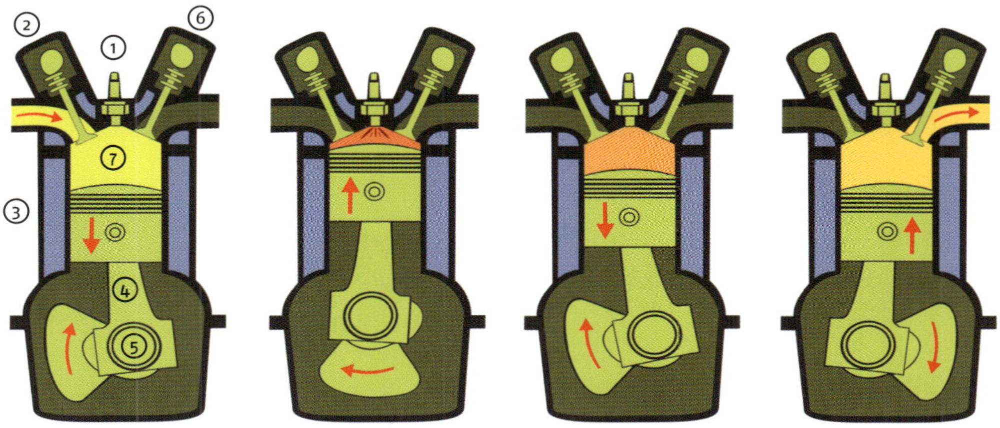

1. Ansaugen
2. Verdichten
3. Arbeiten
4. Ausstoßen

Funktion Viertakter:
① Zündkerze, ② Einlassventil, ③ Kolben, ④ Pleuelstange, ⑤ Kurbelwelle, ⑥ Auslassventil, ⑦ Zylinderkammer

Nur im **3. Takt** entsteht die Kraft, welche die Kurbelwelle antreibt.

Sechszylinder

Begriffe rund um den Motor

Keilriemen – Gummiband, das von der Kurbelwelle bewegt wird und u. a. die Lichtmaschine antreibt
Nockenwelle – öffnet durch ihre Drehbewegung die Ein- und Auslassventile
Lichtmaschine – erzeugt Strom und lädt die Batterie auf
Motordrehzahl – Umdrehungen der Kurbelwelle pro Minute, die man u.a. für die richtige Gangauswahl am Drehzahlmesser ablesen kann
Tankanzeige – zeigt an, wie viel Kraftstoff noch im Tank ist

① **Drehzahlmesser**
② **Tankanzeige**
③ **Kühlwasserstand**

Was passiert während der vier Takte im Motor?

Während des 1. Takts bewegt sich der Kolben nach unten und saugt durch das Einlassventil das Kraftstoff-Luft-Gemisch in die Zylinderkammer. Im 2. Takt bewegt sich der Kolben wieder nach oben und presst damit das Gemisch dicht zusammen, sodass es extrem heiß wird. Jetzt beginnt der 3. Takt: Die Zündkerze erzeugt einen Funken, und das Gemisch explodiert. Die Explosion drückt den Kolben wieder nach unten, sodass dieser über die Pleuelstange die Kurbelwelle antreibt. Im 4. Takt bewegt sich der Kolben wieder hoch und drückt so die Abgase, die durch die Verbrennung des Kraftstoff-Luft-Gemischs entstanden sind, durch das Auslassventil zum Auspuff. Jetzt beginnt wieder der 1. Takt.

Wie funktioniert ein Dieselmotor?

Ein Dieselmotor arbeitet fast genauso wie ein Ottomotor. Aber er braucht keine Zündkerzen. Die Zylinder saugen reine Luft an, die sehr stark verdichtet und somit sehr heiß wird. Der Dieselkraftstoff wird nun direkt in die Zylinderkammern gespritzt, und das Gemisch entzündet sich wegen der hohen Temperatur explosionsartig von selbst.

Warum haben Motoren mehrere Zylinder?

Mehrere Zylinder sind nötig, damit der Motor gleichmäßig läuft, und das Auto nicht ruckelt. Dafür müssen die vier Takte in den Zylindern zeitlich versetzt beginnen. Weil der Motor nur im 3. Takt Kraft erzeugt, kann er nur so pausenlos Kraft an die Räder übertragen. Je mehr Zylinder ein Motor hat, desto ruhiger und kraftvoller läuft er.

Mit dem **Zündschlüssel** wird das Auto gestartet.

Wie springt der Motor an?

Wenn man den Zündschlüssel umdreht, fließt Strom von der Batterie zum Anlasser. Das ist ein kleiner Elektromotor, der das Schwungrad bewegt. Es sitzt auf der Kurbelwelle, die sich nun mitdreht. Dadurch bewegen sich auch die Kolben auf und ab. Der Motor ist „angesprungen“. Der Fahrer kann den Zündschlüssel loslassen, die Kraftstoffverbrennung beginnt, und der Motor „läuft“.

Der Antrieb

Die Motorkraft treibt zwar das Auto an, aber bevor sich auch die Räder drehen können, muss die Kraft erst auf sie übertragen werden. Alle dafür nötigen Bauteile zählen deshalb zum sogenannten Antrieb. Zuerst wird im Getriebe mithilfe von Gangschaltung und Zahnrädern die Motordrehzahl und so die Kraft des Motors übertragen. Über die Kardanwelle und ein Ausgleichsgetriebe werden die Antriebswellen gedreht. Dann erst bewegen sich die Räder, und das Auto kann losfahren.

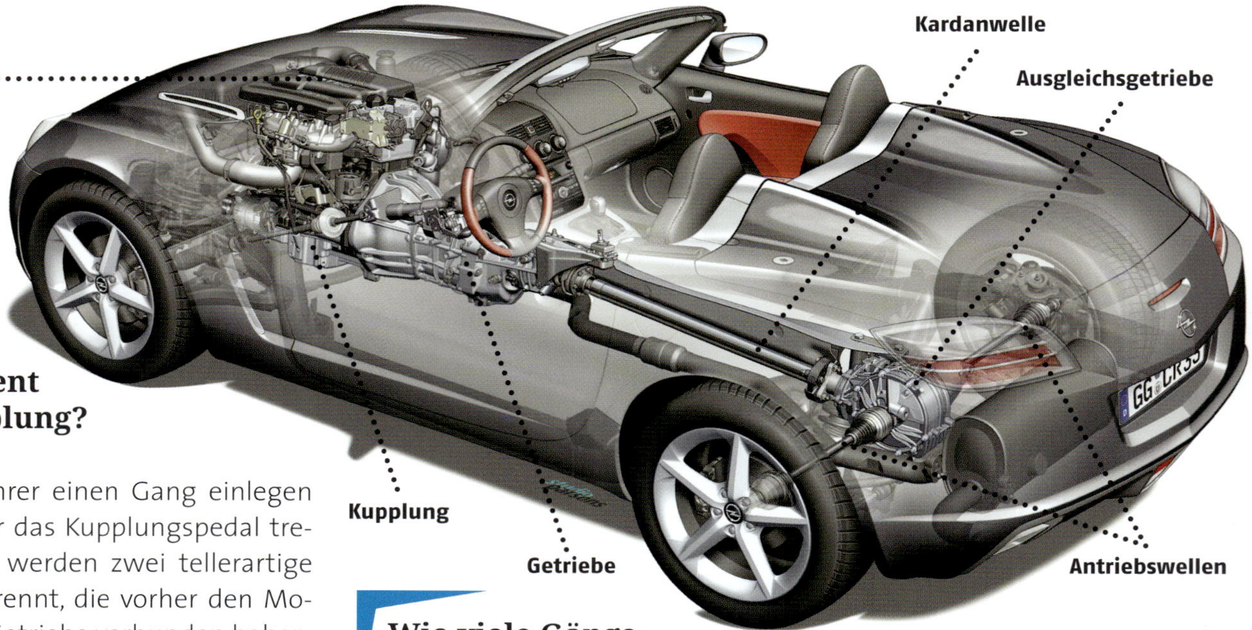

Wozu dient die Kupplung?

Bevor der Fahrer einen Gang einlegen kann, muss er das Kupplungspedal treten. Dadurch werden zwei tellerartige Scheiben getrennt, die vorher den Motor mit dem Getriebe verbunden haben. Jetzt wird keine Kraft mehr auf die Zahnräder im Getriebe übertragen. Das ist wichtig, da der Fahrer sonst nur schwer einen Gang einlegen kann. Nachdem der neue Gang eingestellt ist, kann der Fahrer das Kupplungspedal wieder loslassen, und die Scheiben zwischen Motor und Getriebe berühren sich wieder.

Wie viele Gänge hat ein Auto?

Die meisten Autos haben fünf oder sechs Gänge und einen Rückwärtsgang. Je schneller man fahren will, desto höher muss der Gang sein, den man mit dem Schaltknüppel einlegt. Der erste Gang ist zum Anfahren. Für Steigungen, Schrittgeschwindigkeit und Fahrten durch die Stadt sind der zweite, dritte und vierte Gang gedacht. Mit dem fünften und sechsten Gang fährt man auf Straßen für höhere Geschwindigkeiten, wie z. B. Landstraßen oder Autobahnen.

Gangschaltung: Mit den niedrigen Gängen fährt man langsam und mit den hohen Gängen schnell.

① Kupplungspedal, ② Bremspedal, ③ Gaspedal, ④ Schaltknüppel

Mit dem **Schaltknüppel** und dem **Kupplungspedal** werden die **Gänge** eingelegt.

②

Schaltwippen

Manche Autos mit Automatikschaltung haben Schaltwippen am Lenkrad, über die der Fahrer die Gänge auch selbst und von Hand auswählen kann.

Eine **Automatikschaltung** wählt die Gänge von selbst.

Getriebe:
① Schaltknüppel
② Hauptwelle (zur Kupplung und zum Motor)
③ Vorgelegewelle
④ Zahnräder
⑤ Verbindung zur Kardanwelle

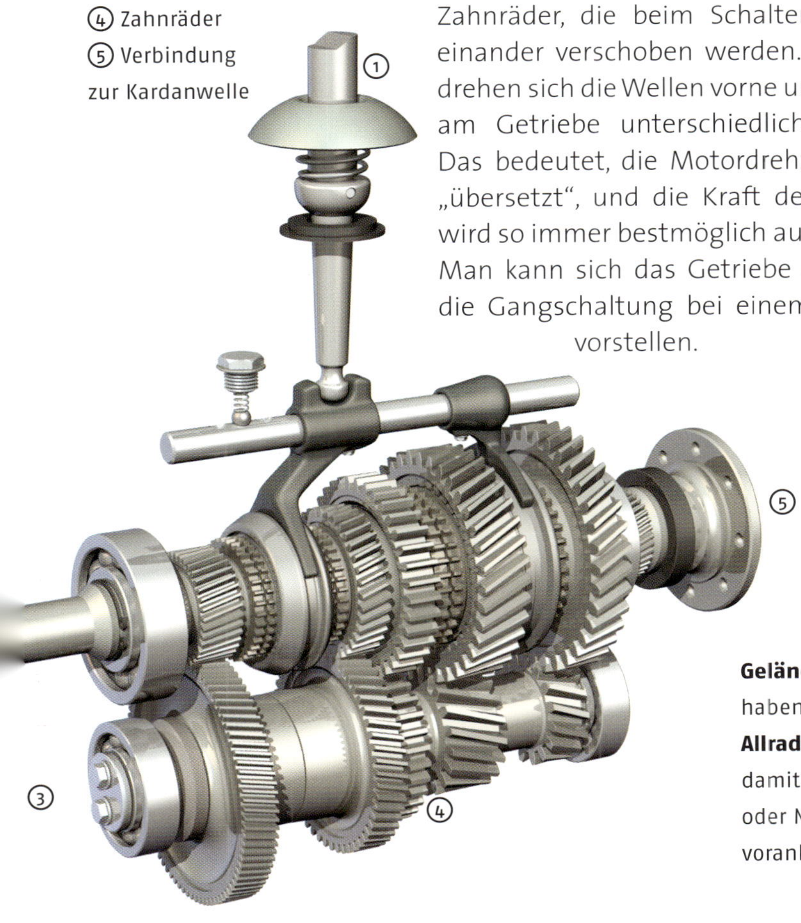

Was macht eine Automatikschaltung?

Eine Automatikschaltung schaltet die verschiedenen Gänge automatisch – also von selbst! Der Fahrer muss nur noch den Leerlauf (N), den Rückwärtsgang (R), die Vorwärtsfahrt (D) und eine Parkfunktion (P) selbst einstellen.

Wie funktioniert das Getriebe?

Die Drehbewegung des Motors wird nicht direkt auf die Räder übertragen, sondern wird zuerst im Getriebe umgewandelt. Dort sitzen kleine und große Zahnräder, die beim Schalten gegeneinander verschoben werden. Dadurch drehen sich die Wellen vorne und hinten am Getriebe unterschiedlich schnell. Das bedeutet, die Motordrehzahl wird „übersetzt", und die Kraft des Motors wird so immer bestmöglich ausgenutzt. Man kann sich das Getriebe auch wie die Gangschaltung bei einem Fahrrad vorstellen.

Kurvenfahrt:
① Ausgleichsgetriebe
② Kardanwelle
③ langer Weg
④ kurzer Weg
⑤ Antriebswellen

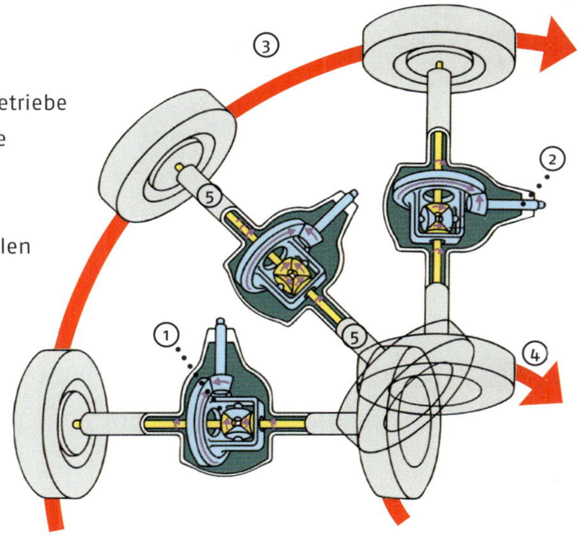

Durch das **Ausgleichsgetriebe** kann ein Auto Kurven fahren.

Warum brauchen Autos ein Ausgleichsgetriebe?

Beim Kurvenfahren müssen die inneren Räder einen kürzeren Weg zurücklegen als die äußeren. Das Ausgleichsgetriebe gleicht dies automatisch aus, indem es über die Antriebswellen die inneren Räder langsamer und die äußeren Räder schneller dreht. Man nennt es auch Differenzialgetriebe.

Welche Antriebsarten gibt es?

Es gibt Autos mit Front-, Heck- und Allradantrieb. Beim Frontantrieb wird die Kraft des Motors nur auf die Vorderräder übertragen, beim Heckantrieb nur auf die Hinterräder und beim Allradantrieb auf alle vier Räder. Kleine Autos haben oft Front-, größere in vielen Fällen Heck- oder Allradantrieb.

Geländewagen haben einen **Allradantrieb**, damit sie im Sand oder Matsch besser vorankommen.

Das Fahrwerk

Das Fahrwerk besteht aus mehreren Bauteilen, die dafür sorgen, dass das Auto sicher und für die Insassen bequem auf der Straße liegt. Z. B. müssen die Räder ständigen Kontakt zur Straße haben. Stöße werden abgefedert, damit man auf den Sitzen nicht durchgerüttelt wird. Den Teil des Fahrwerks mit den beiden Vorderrädern nennt man Vorderachse, den hinteren Teil Hinterachse.

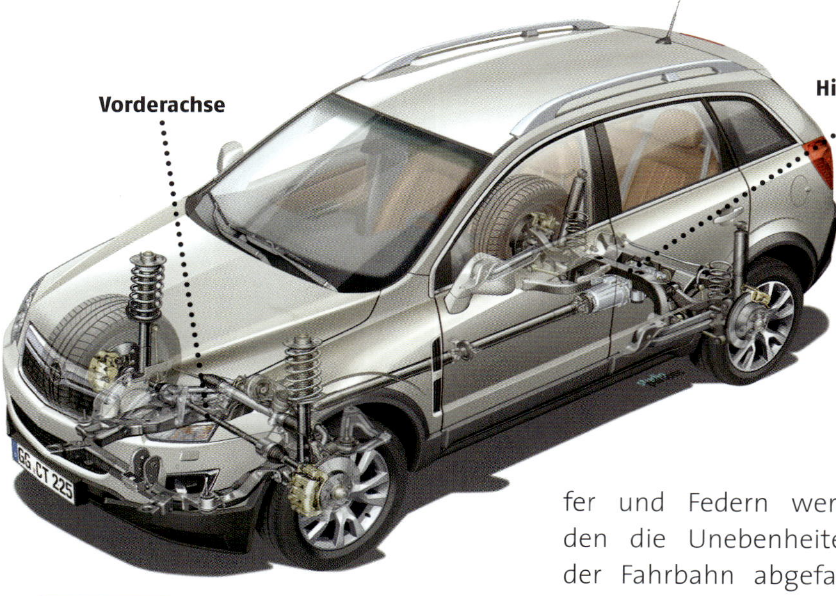

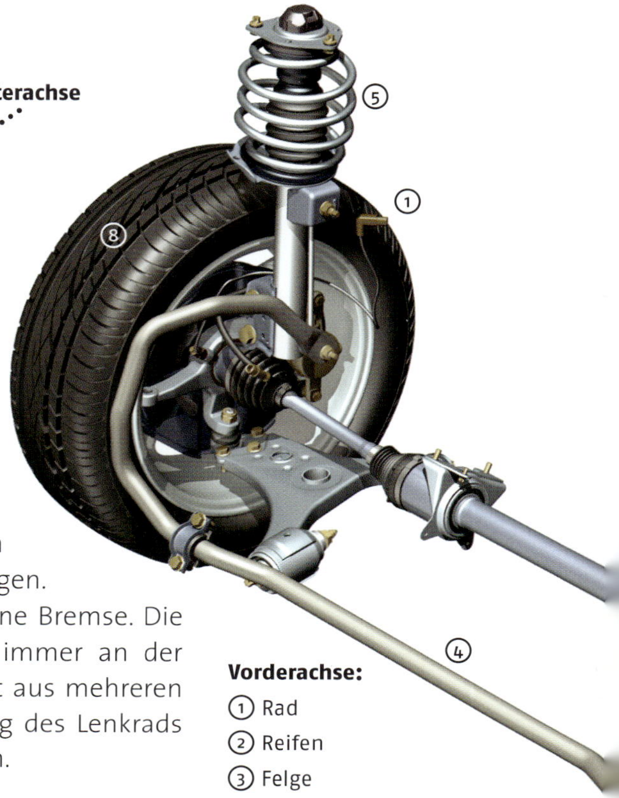

Aus welchen Teilen besteht ein Fahrwerk?

Zum Fahrwerk gehören die Räder, die Radaufhängung, die Stoßdämpfer mit den Federn, die Bremsen und die Lenkung: Die Räder stellen mit ihren Gummireifen den direkten Kontakt zur Straße her. Mithilfe der Radaufhängung ist jedes von ihnen – meist einzeln – an der Karosserie befestigt. Durch Stoßdämpfer und Federn werden die Unebenheiten der Fahrbahn abgefangen. Jedes Rad hat eine eigene Bremse. Die Lenkung befindet sich immer an der Vorderachse. Sie besteht aus mehreren Teilen, die die Bewegung des Lenkrads auf die Räder übertragen.

Wie lenkt man ein Auto?

Wenn man das Lenkrad bewegt, dreht sich automatisch die Lenksäule mit, die bis nach unten zum Lenkgetriebe führt. Dort wird ein Zahnrad bewegt, das eine Zahnstange und damit die Spurstangen nach rechts oder links verschiebt. Dadurch werden die Räder in die gewünschte Richtung gelenkt, und man kann nach rechts oder links fahren. Das alles passiert natürlich gleichzeitig. Die Räder müssen sich nämlich sofort bewegen, sobald man das Lenkrad dreht.

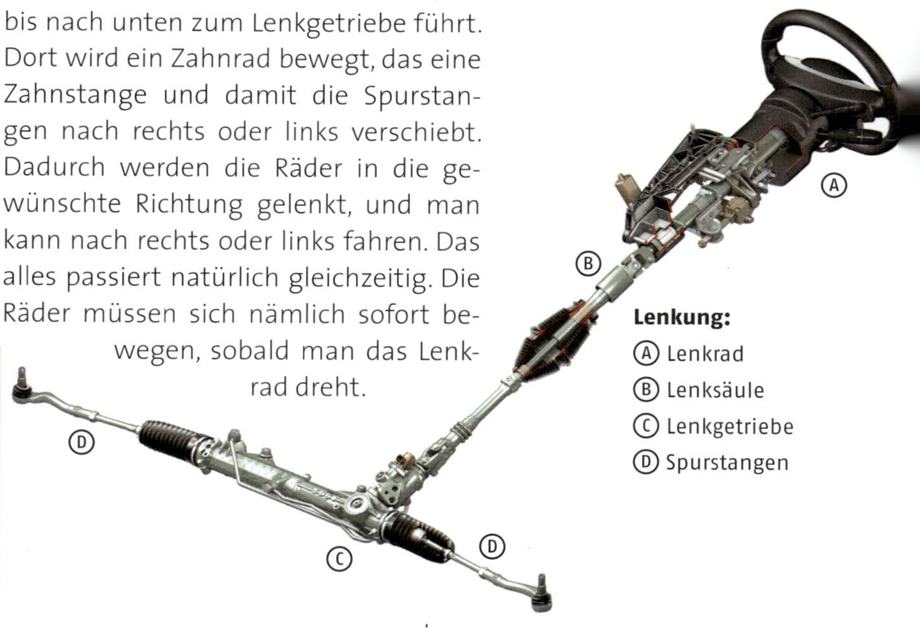

Servolenkung

Bei einem Auto mit Servolenkung lässt sich das Lenkrad auch dann leicht bewegen, wenn das Auto sehr langsam fährt. So kann man z. B. viel leichter einparken.

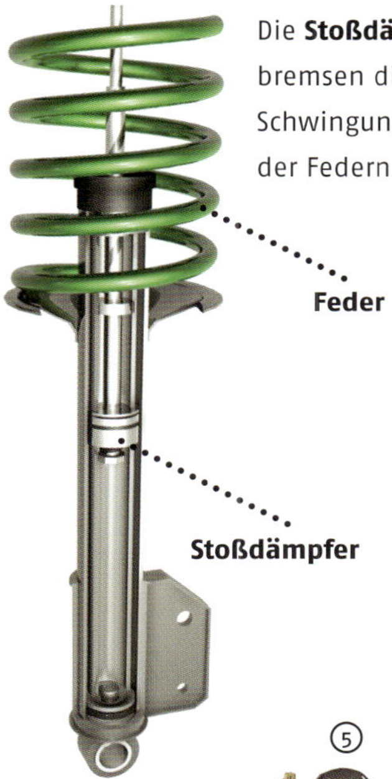

Die **Stoßdämpfer** bremsen die Schwingungen der Federn ab.

Warum haben Autos Stoßdämpfer?

Damit die Fahrgäste nicht auf den Sitzen durchgerüttelt werden, müssen die Unebenheiten der Straße abgefedert werden. Deshalb besitzt jedes Rad eine Feder, die die Stöße auf die Karosserie und somit auf die Fahrgäste abfängt. Damit die Federn nach einem Stoß aber nicht zu lange auf und ab schwingen, müssen Stoßdämpfer die Federn abbremsen. Das machen sie durch einen schwer bewegbaren Kolben im Inneren.

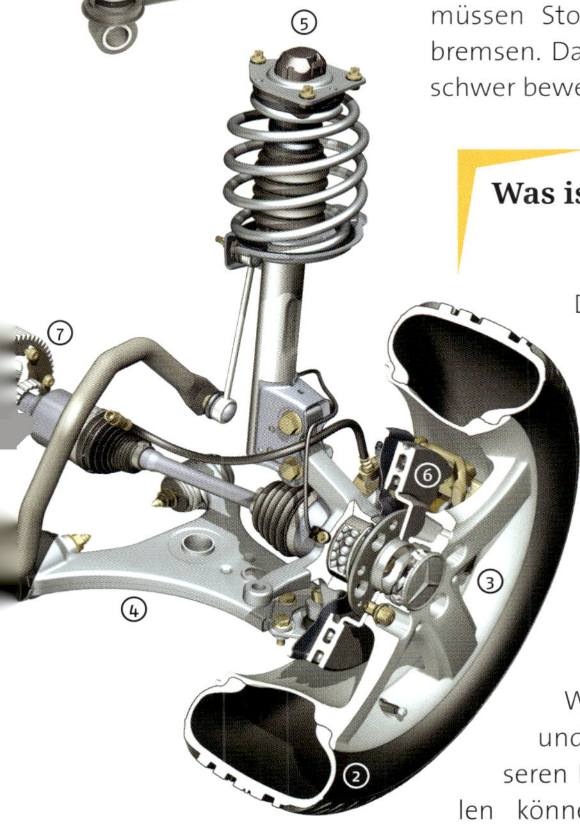

Was ist ein Reifenprofil?

Die Rillen auf einem Autoreifen nennt man Profil. Durch sie haftet ein Auto besser auf der Straße, und die Gefahr des Aquaplanings ist nicht so hoch. Das bedeutet, das Auto rutscht auf einer nassen Fahrbahn nicht so schnell. Denn durch die Rillen wird das Wasser zur Seite verdrängt, und der Reifen hat damit besseren Kontakt zur Straße. Die Rillen können ganz unterschiedliche Formen und Tiefen haben. Mit der Zeit nutzt sich das Profil ab, und die Reifen müssen ausgetauscht werden.

Ein **Reifen** besteht nicht nur aus Gummi, sondern auch aus einer Kunststoff- und Stahlschicht. Diese geben dem Reifen seine Form. Die Luft im Inneren hält den Reifen stabil.

Felgen

Reifen und Felge zusammen sind das Rad. Durch die Felgen bleiben die Reifen stabil, und die Räder behalten ihre Form. Meistens sind sie aus Stahl oder aus dem leichteren Material Aluminium. Manche Autofahrer lassen ihre Felgen verchromen, sodass sie schön glänzen.

Mit **Schneeketten** kommt man selbst verschneite Berghänge hoch.

Warum gibt es Winter- und Sommerreifen?

Winterreifen sind aus weichem Gummi und haben ein Profil, mit dem sie bei Kälte, Eis und Schnee gut auf der Straße haften. Sommerreifen sind härter und haben ein anderes Profil. Dadurch rollen sie im Sommer zwar besser auf der Straße, im Winter würde man mit ihnen aber rutschen. Die Räder würden viel eher durchdrehen, also keinen Halt finden. Allwetterreifen können durch ihre Bauweise das ganze Jahr über gefahren werden.

Reifen mit **Spikes** aus Metall bieten Halt auf vereisten Fahrbahnen.

Die Bremsen

Jedes Auto braucht Bremsen, damit es langsamer fahren oder ganz anhalten kann. Mit einem Tritt auf das Bremspedal löst der Fahrer die Bremsen aus. Alle vier Räder bremsen gleichzeitig. Zusätzlich hat ein Auto auch eine Handbremse, damit es beim Parken nicht wegrollen kann. Durch zwei Bremslichter hinten am Auto sieht der nachfolgende Verkehr, wenn das Auto langsamer wird. Sie leuchten sofort auf, wenn der Fahrer auf die Bremse tritt, und geben so ein Signal.

Bremslichter signalisieren: Vorsicht! Das Auto bremst. Jetzt sollte auch der **Hintermann** bremsen, weil er sonst auf das vor ihm fahrende Auto auffährt.

Wie funktionieren die Bremsen?

Die Autobremsen funktionieren ähnlich wie eine Fahrradbremse. Dort wird beim Bremsen ein Seil gespannt, und dadurch werden die Bremsklötze der beiden Bremsbacken gegen die Felge gedrückt. Beim Auto wird durch den Tritt auf das Bremspedal über Bremsleitungen Flüssigkeit zu jeder der vier Bremsen gedrückt. Da es viel Kraft kostet, ein Auto abzubremsen, erhöht ein Bremskraftverstärker diesen Druck noch. Wenn die Flüssigkeit zu den Bremsbacken gelangt, schiebt sie über einen Kolben die Bremsklötze gegen eine Bremsscheibe, das Auto bremst.

Wie bei einer **Fahrradbremse** werden auch beim Auto die Reifen über angedrückte **Bremsklötze** abgebremst.

Welche Arten von Bremsen gibt es?

Fast alle Pkws besitzen Scheibenbremsen. Sie bestehen aus einer Bremsscheibe, die hinter der Felge sitzt und sich mit dem Rad mitdreht. Auf ihr sitzt eine Bremsbacke, in der sich links und rechts jeweils ein Bremsklotz befindet. Wenn der Fahrer auf die Bremse tritt, werden die Bremsklötze gegen die Scheibe gedrückt, und das Rad wird abgebremst. Geländewagen und Lkws haben meistens Trommelbremsen, da diese etwas unempfindlicher gegen groben Schmutz sind. Bei dieser Art von Bremsen werden Bremsbacken von innen gegen eine Bremstrommel gepresst. Bremsen sollten regelmäßig darauf überprüft werden, dass sie einwandfrei funktionieren.

Scheibenbremse:

Trommelbremse:

Adaptive Bremslichter passen sich an die Stärke der Bremskraft an. Adaptiv bedeutet „anpassungsfähig".

Bremsspuren

Bremsspuren entstehen bei älteren Autos ohne ABS, wenn sie eine plötzliche Vollbremsung machen. Dabei blockieren die Räder und „rutschen" mit hoher Geschwindigkeit auf der Straße entlang. Dadurch reibt das Gummi der Reifen ab und hinterlässt schwarze Streifen auf dem Asphalt.

Was sind adaptive Bremslichter?

Einige moderne Autos besitzen adaptive Bremslichter. Wenn das Auto besonders stark abbremst, fangen sie an zu blinken oder verändern ihre Helligkeit. Bei manchen Pkws vergrößert sich auch die Leuchtfläche. Dadurch erkennt der nachfolgende Verkehr sofort, wenn das Auto ganz plötzlich langsamer wird, und kann schneller reagieren. So können v. a. Auffahrunfälle verhindert werden.

ABS

ABS ist das Kurzwort für Anti-Blockier-System. Es sorgt dafür, dass das Auto bei einer Vollbremsung lenkbar bleibt. Ein Sensor erkennt die blockierten Räder, und mithilfe eines Steuergerätes werden die Bremsen mehrmals in der Sekunde gelöst. Dadurch greifen die Reifen wieder auf der Straße oder im Schnee und bleiben steuerbar.

Wie lang ist der Bremsweg eines Autos?

Der Bremsweg ist die Strecke, die ein Auto nach dem Bremsen noch fährt, bis es stehen bleibt. Umso schneller ein Auto unterwegs ist, desto länger braucht es dafür. Schnee und Eis auf der Straße verlängern den Bremsweg zusätzlich. Bevor der Fahrer aber überhaupt anfängt zu bremsen, vergehen noch ein paar „Schrecksekunden". Der in dieser Zeit gefahrene Weg ist der Reaktionsweg. Er ergibt zusammen mit dem Bremsweg erst den Anhalteweg, den der Fahrer nach dem Erkennen einer Gefahr insgesamt zurücklegt.

Wann wird die Handbremse benutzt?

Die Handbremse zieht man an, damit das Auto beim Parken nicht wegrollt. Der Fahrer zieht sie über einen Hebel neben dem Fahrersitz mit der Hand hoch. Bei den meisten Autos werden dadurch die Hinterräder blockiert, und das Auto steht sicher auf seinem Parkplatz.

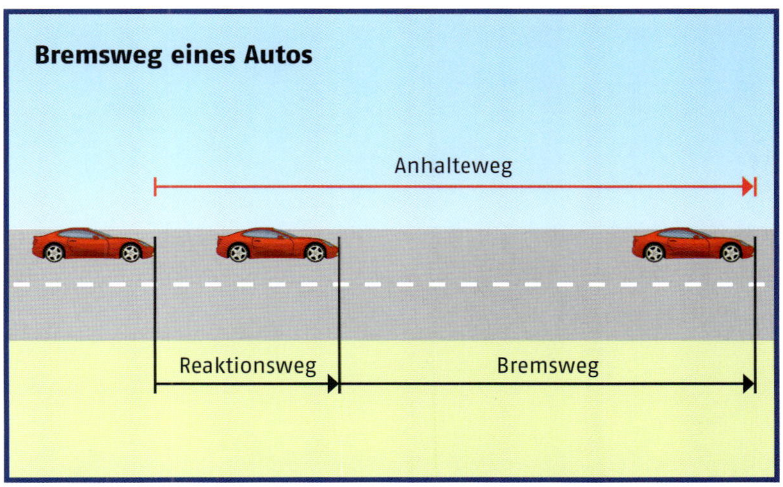

Bremst ein 50 km/h schnelles Auto z. B. auf einer trockenen Straße, ist der **Anhalteweg** 26 Meter lang! Deshalb sollten Autofahrer immer einen **Sicherheitsabstand** zum Vordermann einhalten.

Elektronik im Auto

Sehr viele Bauteile im Auto funktionieren elektrisch. Das heißt, sie brauchen Strom. Etwa drei Kilometer Stromleitungen sind in einem Auto verlegt! Natürlich funktionieren alle Lichter im und am Auto elektrisch. Aber auch die meisten anderen Bauteile brauchen Strom, wie z. B. das Radio oder das Navigationsgerät. Viele dieser Bauteile müssen zusätzlich über kleine Computer elektronisch gesteuert werden. Bis zu 80 Steuergeräte dieser Art kann ein Auto besitzen.

Ein **Regensensor** erkennt, wie stark es regnet. Daraufhin passt er die Wischgeschwindigkeit der **Scheibenwischer** automatisch an.

Welche Bauteile werden elektronisch gesteuert?

Bauteile wie die Scheibenwaschanlage und die Klimaanlage funktionieren über Elektronik. Auch Sicherheitseinrichtungen, wie etwa die Zentralverriegelung, arbeiten mit Strom. Sogar der Motor braucht ein elektronisches Steuergerät, um z. B. den Zeitpunkt der Kraftstoffeinspritzung zu regeln. Dank dieser Steuergeräte gibt es mittlerweile sogar Autos, die von allein einparken können.

Was ist eine Lichtmaschine?

Die Lichtmaschine erzeugt während der Fahrt Strom. Der Keilriemen treibt einen Magneten (Läufer) im Gehäuse an, sodass er sich dreht. So entsteht Strom, der dann über Leitungen zu den Bauteilen gelangt. Nicht verbrauchter Strom wird in der Autobatterie gespeichert. So können z. B. die Lichter am Auto auch genutzt werden, wenn der Motor nicht läuft. Allerdings muss man aufpassen, dass die Batterie nicht leer wird. Dann kann man das Auto nämlich nicht mehr anlassen. Dann muss ein anderes Auto Starthilfe geben.

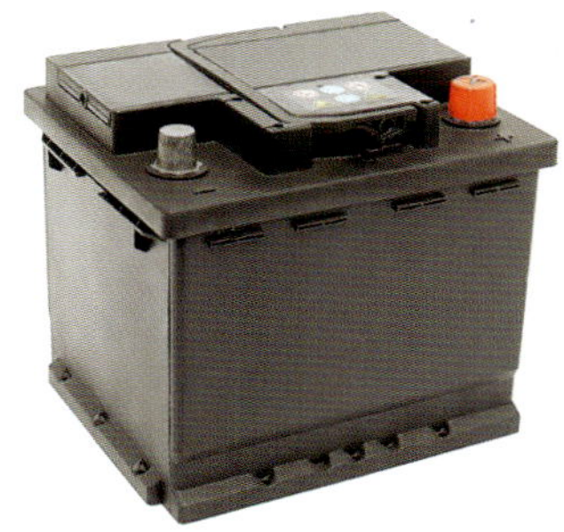

Die **Autobatterie** speichert den Strom von der Lichtmaschine. Sie wird während des Fahrens aufgeladen.

LED

LEDs sind Leuchtdioden. Diese kleinen Lämpchen verbrauchen weniger Strom als normale Glühbirnen und leuchten trotzdem viel heller. In modernen Autos sieht man sie immer öfter, auch in unterschiedlichen Farben.

Lichtmaschine:

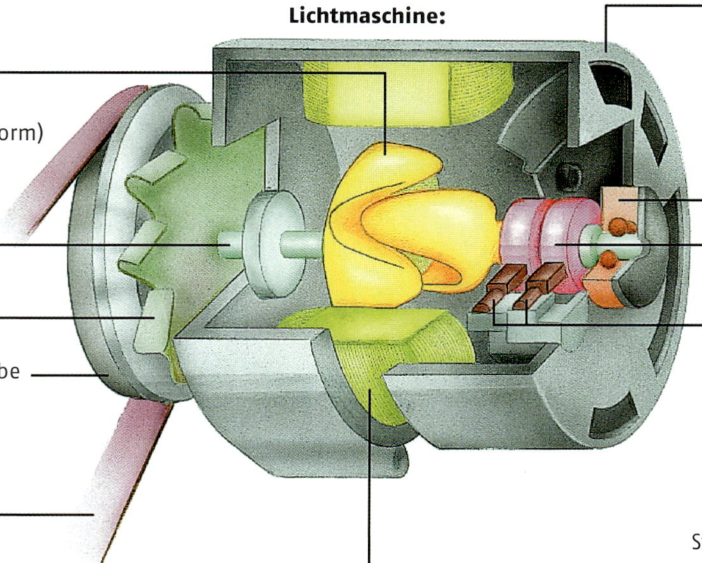

Ein **Nachtsichtgerät** hilft beim Fahren im Dunkeln.

Welche Anzeigen leuchten auf dem Armaturenbrett?

Tachometer, Drehzahlmesser, Kraftstoff- und Temperaturanzeige werden durch ein Hintergrundlicht beleuchtet. Kontrollleuchten zeigen an, ob z. B. die Handbremse angezogen ist. Zusätzlich haben fast alle neuen Autos einen Bordcomputer, auf dem beispielsweise die gefahrene Kilometerzahl angezeigt wird. Manche Pkws haben auch fest installierte Navigationsgeräte oder Nachtsichtgeräte mit eingebautem Display.

Head-Up-Display

Bei einem Head-Up-Display werden Informationen auf die Windschutzscheibe übertragen. So muss der Fahrer den Blick nicht mehr senken, um beispielsweise die Geschwindigkeit abzulesen.

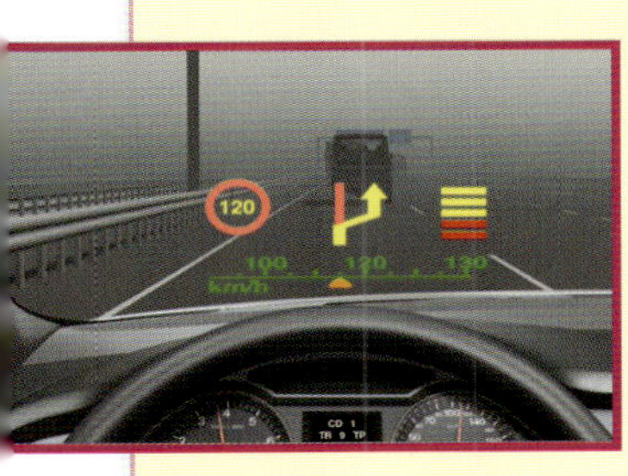

Wozu dienen Fahrerassistenzsysteme?

Fahrerassistenzsysteme sind elektronische Zusatzfunktionen, die den Autofahrer unterstützen. Einige dieser Systeme funktionieren ganz automatisch, wie etwa das elektronische Stabilitätsprogramm ESP. Es verhindert ein Wegrutschen des Autos in der Kurve. Bei anderen Systemen ertönt ein Warnsignal, wenn der Fahrer selbst eingreifen muss. Bei der Einparkhilfe erkennen beispielsweise Sensoren die Abstände, und ein Piep-Geräusch warnt vor einem Zusammenstoß.

Das **ESP** hält das Auto in der Spur. Ohne ESP kann das Auto ins Schleudern geraten.

Was ist die automatische Abstandskontrolle?

Die automatische Abstandskontrolle sorgt dafür, dass man nicht zu nah auf das vorausfahrende Auto auffährt. Ein Radarsensor erkennt das andere Fahrzeug, und die Geschwindigkeit wird automatisch gesenkt. So wird immer ein gewünschter und sicherer Abstand eingehalten, abhängig von der Fahrgeschwindigkeit. Wenn der Vordermann plötzlich bremst, und der Abstand zu klein wird, hört man ein Warnsignal. Dadurch weiß der Fahrer, dass er selbst bremsen muss.

Die **Abstandskontrolle** berechnet über Winkel und Entfernungen den sicheren Abstand.

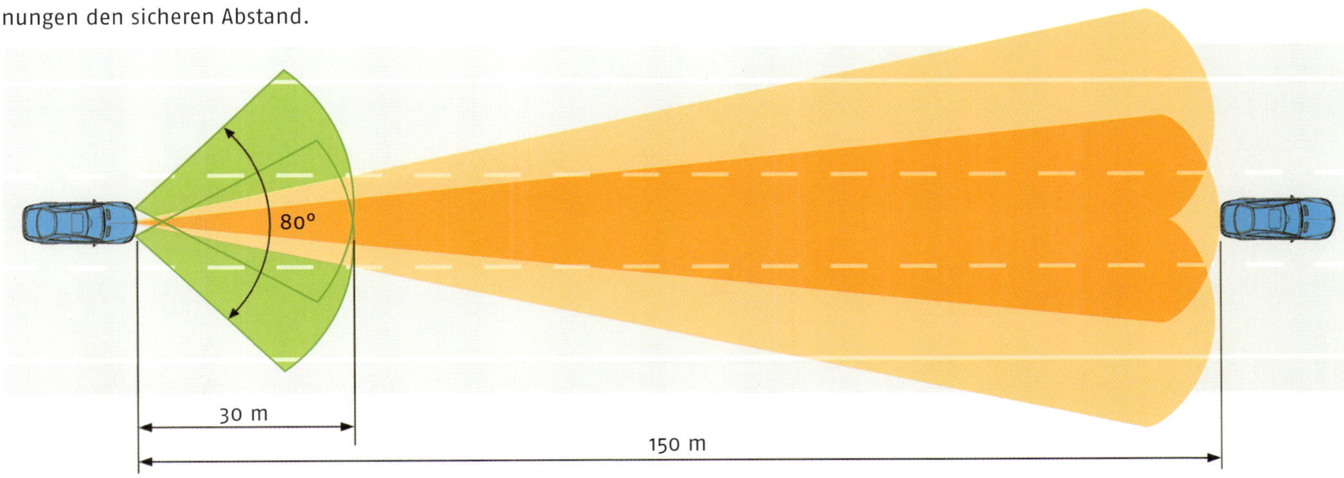

Ganz bequem!

Autofahren soll heutzutage möglichst komfortabel sein. Denn man möchte sich sicher und wohlfühlen. Deshalb gibt es bequeme Sitze, Navigationsgeräte, die einem das Kartenlesen abnehmen, oder Radios, die die Fahrgäste während der Fahrt unterhalten. Umso komfortabler eine Innenausstattung ist, desto teurer ist das ganze Auto. Besonders luxuriös sind etwa eine Sitzheizung oder ein DVD-Player mit Bildschirm, auf dem man von der Rückbank aus gemütlich einen Film anschauen kann.

Wie entsteht eine angenehme Temperatur im Auto?

Mit Klimaanlagen kann man die Temperatur im Innenraum regeln und sich insbesondere im Sommer kühle und saubere Luft ins Gesicht blasen lassen. So wird es nicht zu warm im Auto, die Fahr-

Klimaanlage: Bei etwa 20 Grad Celsius ist die Temperatur gerade angenehm.

gäste fühlen sich wohler, und der Fahrer kann sich besser auf den Straßenverkehr konzentrieren. Im Winter sorgt eine Heizung dafür, dass es im Auto schön warm ist, und man nicht friert.

Wie funktioniert ein Navigationsgerät?

Ein Navigationsgerät führt den Fahrer auf dem kürzesten oder schnellsten Weg zum Ziel. Zuerst gibt man den gewünschten Zielort ein. Die Startposition des Autos bestimmt das Navi über Funksignale von GPS-Satelliten. Danach kann der kleine Computer die Route berechnen. Damit das Navi auch während der Fahrt immer weiß, wo man abbiegen muss, muss es ständig Kontakt zu mindestens vier Satelliten haben. Auf einem Bildschirm wird die Route dann mithilfe von eingespeicherten Straßenkarten angezeigt. Zusätzlich sagt eine Stimme, wohin man fahren muss.

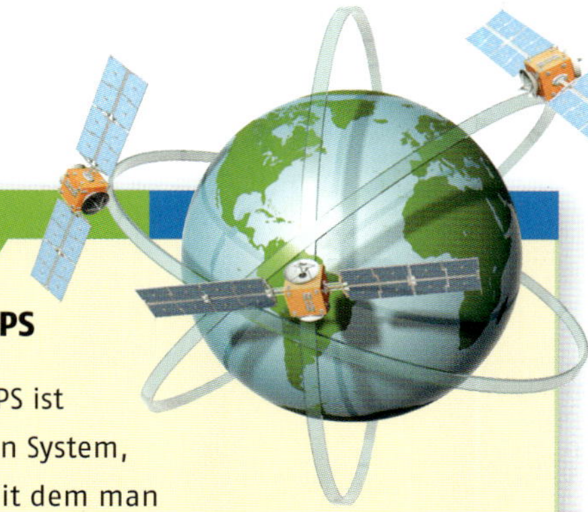

GPS

GPS ist ein System, mit dem man weltweit den eigenen Standort auf der Erde bestimmen kann. Es besteht aus 24 Satelliten, die in 20 000 Kilometern Höhe um die Erde kreisen. Das Navi empfängt pausenlos ihre Funksignale und kann damit die Position des Autos immer wieder neu berechnen.

Ein **Navigationsgerät** kann dem Fahrer z. B. auch anzeigen, wenn er zu schnell fährt.

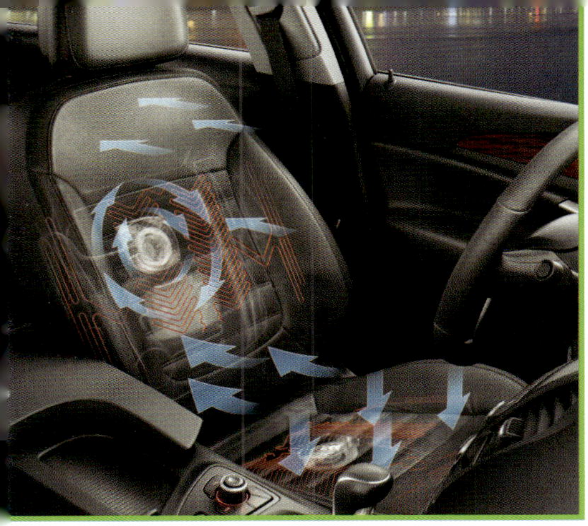

Die **Lüftung** im Sitz erzeugt mithilfe eines Ventilators einen Luftstrom, der den Rücken schön kühl hält.

Warum sind bequeme und stabile Sitze wichtig?

Gute Autositze sollten bequem sein, damit man nicht durchgeschüttelt wird und keine Rückenschmerzen bekommt. Neben der Polsterung müssen die Sitze aber auch stabil sein, um bei einem Unfall Schutz zu bieten. Man muss die Sitze verstellen können, um sie an die eigene Körpergröße anpassen zu können. In manche Sitze ist eine Lüftung eingebaut, damit man am Rücken nicht so schwitzt. Ein besonderer Luxus sind auch eine Massagefunktion oder eine Sitzheizung.

Moderne Technik macht auch **Computerspielen im Auto** möglich. So wird den Mitfahrern bei langen Fahrten nicht langweilig.

Welche Multimediageräte sind besonders beliebt?

Viele Menschen freuen sich, wenn ihr Auto ein Radio und einen CD-Player hat. Aber auch ein Fernsehgerät, ein DVD-Player oder eine eingebaute Computerkonsole sind beliebte Multimediageräte. Immer mehr Leute wollen Autos mit eigenem Internetzugang oder der Möglichkeit, ein internetfähiges Smartphone anzuschließen. Dadurch können sie etwa über das Web-Radio Hunderte von Radiosendern empfangen. Wenn auch das Navigationsgerät mit dem Internet verbunden ist, erhält der Autofahrer sogar noch zusätzliche Informationen, wie z. B. Staumeldungen oder Angaben darüber, wo das nächste Kino liegt.

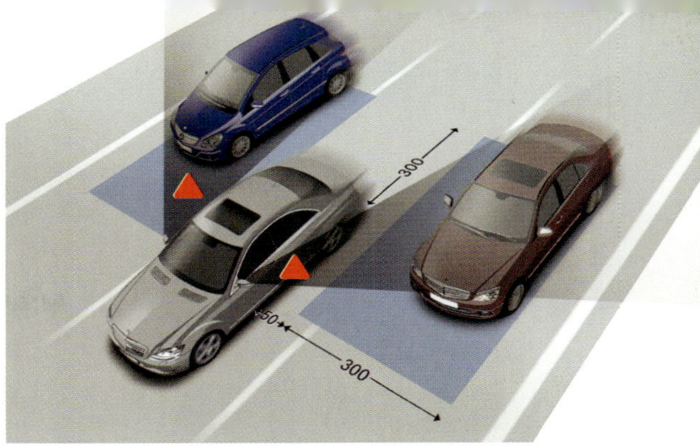

Ein **Spurwechselassistent** ist komfortabel: Er erkennt, ob genug Platz für einen Spurwechsel ist.

Was macht das Autofahren noch komfortabler?

Vor allem modernste Technik! Dazu zählt z. B. der Müdigkeitswarner, der den Fahrer vor Einschlafen warnt. Die Hersteller tüfteln bereits an Autos, bei denen Multimediageräte mit Gesten bedient werden können, ähnlich mancher Computerspiele. In Zukunft werden Autos Fußgängern vielleicht sogar automatisch ausweichen können.

Luxusautos

Luxusautos sind sehr teuer. Sie besitzen viele verschiedene Multimediageräte und eine edle Karosserie. Der Innenraum ist z. B. mit feinstem Leder ausgestattet.

Luxusautos wie dieser **Maserati** (links) oder die **Maybachs** kosten zwischen 100 000 und einer halben Million Euro!

Ein neues Modell entsteht

Ein neues Automodell entsteht in sehr vielen Schritten und mithilfe von Hunderten von Mitarbeitern. Von der ersten Idee bis zum fertigen Auto vergehen meistens mehrere Jahre! Anfangs wird das Modell geplant und getestet, erst dann kann es „in Serie" – das bedeutet in großen Mengen – hergestellt werden. Die Autohersteller produzieren immer wieder neue Modelle, damit ihre Autos mit den neuesten technischen Entwicklungen ausgestattet sind. Aber auch am neuen Design, also am Aussehen der Autos, wird getüftelt, weil sich die Käufer moderne Farben und Formen wünschen.

Auf **Automessen** wie der internationalen IAA in Frankfurt am Main stellen Autohersteller ihre neuesten Modelle vor.

Woher nehmen die Autohersteller ihre Ideen?

Die Mitarbeiter der Marktforschungsabteilung befragen die Kunden nach ihren Wünschen. Ingenieure und Designer schauen sich außerdem auf Automessen um. So finden sie heraus, welche Autos gerade gefragt sind. Danach machen die Hersteller ihre eigene Planung für ein neues Modell. Als Erstes überlegen sie z. B., wie groß das Auto werden soll und welchen Motor es haben wird.

Worauf wird bei der Planung besonders geachtet?

Wichtig ist vor allem, dass das Auto möglichst sicher ist und dass es umweltfreundlich fährt. Außerdem sollen die Menschen wissen, von welchem Hersteller das Modell stammt. Damit man das gleich erkennt, sehen neue Modelle oft ein wenig wie die älteren aus – eben nur weiterentwickelt und modernisiert. Die Hersteller überlegen auch, wie viel das Auto später kosten darf. Die gesamte Planung ist streng geheim, damit kein anderer Autohersteller von den neuen Ideen erfährt!

Jahrelange Planung

Bis aus den Design-Entwürfen ein Prototyp entsteht, dauert es bis zu drei Jahre. Bis man das fertige Auto kaufen kann, vergehen im Durchschnitt nochmals zwei Jahre.

Autodesigner

2. Phase: Kneten des 3-D-Modells

3. Phase: digitaler Bauplan

1. Phase: Die Designer machen zuerst einen Papierentwurf der Karosserie, ungefähr so, wie man ihn in der Mitte der Seite sehen kann. Sie entwerfen auch die Innenausstattung.

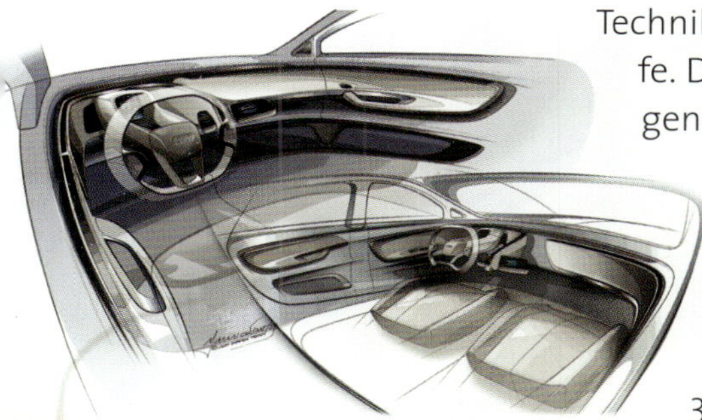

Wie entsteht ein neues Modell?

Wenn alle mit der Planung einverstanden sind, wird der Bauplan für das Modell erstellt: Zuerst machen die Designer mithilfe der Ingenieure, die für die Technik zuständig sind, Papierentwürfe. Danach legen sie am Computer genau fest, wie das Auto aussehen soll. Auch ein großes 3-D-Modell aus Plastilin wird geknetet. So erkennt man, ob die Form auch wirklich gut aussieht. Ein Laser tastet das 3-D-Modell ab, und ein digitaler Bauplan des Autos entsteht. Auch die Innenausstattung wird mithilfe von Computertechnik dargestellt. Wenn alles stimmt, kann der Bau des Prototypen beginnen.

Warum wird zuerst ein Prototyp gebaut?

Ein Prototyp ist das allererste Auto eines neuen Modells. Er wird gebaut, um sicherzugehen, dass bei der Bauplanerstellung alles richtig gemacht wurde, und dass am Ende alle Einzelteile zusammenpassen. Ein Prototyp dient nämlich als Vorlage für die ganze Serienproduktion. Da muss natürlich alles stimmen! Deshalb wird er getestet und geprüft. Erst dann startet die Serienproduktion des neuen Modells.

Konzeptauto

Mit einem Konzeptauto stellen die Autohersteller auf Automessen ihre neuesten Designideen und zukünftige Technik vor. Was den Besuchern gut gefällt, wird vielleicht bei neuen Modellen verwendet.

Was bedeutet „Facelifting"?

Hierbei bekommt ein schon bestehendes Modell ein moderneres Aussehen. Das können neue Scheinwerfer oder neue Karosserieteile sein. Wenn sich das Aussehen des Autos sehr stark verändert, spricht man allerdings von einem Modellwechsel, wie z. B. beim VW Golf.

VW Golf, 1979

VW Golf, heute

Teststrecken und Prüflabors

Der Prototyp ist fertig, aber bevor es mit der Serienproduktion losgehen kann, wird er gründlich getestet. Er muss mehrere Hunderttausend Kilometer auf Teststrecken heil überstehen! Auch in Testlabors wird geprüft, ob das Auto den extremsten Bedingungen standhält. Am Ende zerlegen die Ingenieure es in seine Einzelteile und schauen, ob es irgendwo Schwachstellen gibt. Manchmal wird dann noch etwas verbessert – dann endlich kann die Produktion starten.

Warum müssen Autos in den Windkanal?

Hier blasen riesige Ventilatoren Wind und Nebel mit bis zu 300 km/h von vorn auf das Auto. Anhand von Stromlinien sieht man dabei, wie der Fahrtwind um das Auto strömen wird. Ihre Form verrät, wie stark der Fahrtwind das Auto abbremst. Je weniger, desto windschnittiger ist es. Man sagt dann auch, es ist aerodynamisch geformt. Besonders windschnittig sind flache Autos mit schrägen Windschutzscheiben und abgerundeten Ecken. Vorbild hierfür sind u.a. die Vögel: Beim Fliegen verursacht der Vogelkörper möglichst wenig Luftwiderstand.

Im Windkanal: Über Kühlerhaube und Windschutzscheibe wird die Luft nach oben abgelenkt. Weniger Widerstand bedeutet höhere Maximalgeschwindigkeit.

Was sind „Erlkönige"?

Das Design eines neuen Modells wird bis zur offiziellen Premiere geheim gehalten, damit es keine andere Firma nachmacht, und man es mit Spannung erwartet. Dafür werden Teile des Prototyps abgeklebt oder mit Kunststoff verkleidet, wenn er zu den Teststrecken unterwegs ist. Solch ein getarntes Auto heißt Erlkönig, nach dem gleichnamigen Gedicht von Goethe.

Fotos von **Erlkönigen** – hier ein Modell von **BMW** – sind bei der Presse und den Erlkönig-Jägern sehr begehrt.

Aerodynamik

Darunter versteht man die Lehre von der Bewegung der Luft (altgriechisch: aer = Luft, dynamis = Kraft). Wichtig ist sie im Flugzeugbau, aber auch bei der Entwicklung von Autos spielt sie eine große Rolle.

Rennwagen im Windkanal

① Funktioniert die sensible Autotechnik auch in der heißen **Wüste** einwandfrei?
② **Testrecke in Lappland:** Fährt das Auto sicher im Schnee und auf Eis?
③ Auch **Testfahrten auf Rennstrecken wie dem Nürburgring** sind streng geheim!

Elchtest

Das ist ein Ausweichtest aus Skandinavien. Er heißt so, weil man dort mancherorts auch Elchen ausweichen muss. Berühmt wurde er, weil 1997 die A-Klasse des Herstellers Mercedes-Benz dabei umkippte. Natürlich wurde das Stabilitätsproblem danach gelöst.

Was wird bei einer Testfahrt geprüft?

Man kontrolliert, ob der Motor richtig läuft, ob die Bremsen und alle elektronischen Systeme funktionieren, ob der Lack hält, und ob alle Schrauben fest angezogen sind. Dafür fahren die Testfahrer über Schotterpisten, durch Salzwasserpfützen und Schlamm. Auch das Verhalten des Autos auf Oberflächen wie Sand, Schnee und Eis wird getestet.

Lacktest: Der Schutzlack darf durch das ätzende Salzwasser nicht beschädigt werden.

Wie wird man Testfahrer?

Testfahrer ist für viele ein Traumberuf. Es ist extrem spannend, immer „in geheimer Mission" unterwegs zu sein und sich vor den Fotojournalisten – die auch Erlkönig-Jäger genannt werden – in Acht zu nehmen. Testfahrer kann man über verschiedene Wege werden, z. B. nach einer Kfz-Ausbildung, als ehemaliger Versuchsingenieur oder als Kart-Fahrer. Man muss sich gut mit der Autotechnik auskennen und natürlich Spaß am Autofahren haben.

Warum schneit und regnet es im Testlabor?

Das Auto muss nach außen möglichst dicht sein, damit es innen nicht feucht und nicht zu kalt wird. Auch rosten darf das Auto nicht. Getestet wird das in der Klimakammer des Testlabors. Hier prasselt Regen von allen Seiten auf das Auto ein, und es wird komplett mit Schneekristallen eingesprüht. In der Kammer wird es bis zu minus 35 Grad Celsius kalt!

Auch in der **Klimakammer** wird nachgestellt und getestet, wie **Wetterbedingungen** auf das Auto einwirken.

Autos vom Fließband

Mithilfe von Mitarbeitern, Fließbändern und Robotern geht der Zusammenbau eines Autos, Montage genannt, sehr schnell. In den riesigen Werkshallen eines Autoherstellers werden jeden Tag über 1000 Autos produziert! Das ist auch nötig, weil viele Menschen ein Auto kaufen wollen.

Obwohl alle Wagen eines Modells gleich aufgebaut sind, kann sich jeder Käufer Farbe und Sonderausstattungen, z.B. eine Sitzheizung, aussuchen. Die fertigen Pkws transportiert man direkt zum Kunden oder zum Verkauf in die Autohäuser.

Wo werden die Einzelteile für ein Auto hergestellt?

Ein Auto besteht aus Tausenden von Einzelteilen. Die meisten davon werden nicht im Werk hergestellt, denn das würde viel zu viel Zeit und Platz kosten. Sie werden von Zulieferfirmen nach genauen Vorgaben produziert und direkt zum Werk gebracht, wo sie dann meist sofort verbaut werden. Geliefert wird zeitgenau bei Bedarf (just-in-time). Manche Zulieferer stellen nur Einzelteile, etwa Windschutzscheiben, her, andere ganze Baugruppen, wie beispielsweise die Achsen.

Blech und Stahl

Das Blech für die Karosserieteile wird auf riesigen Rollen (Coils) angeliefert. Blech ist Stahl, der wie ein Teig platt gewalzt wurde. So lassen sich die Formen gut ausstanzen.

Welche Aufgaben haben Industrieroboter?

Industrieroboter übernehmen viele schwere Aufgaben beim Autobau, z. B. das Verschweißen der Karosserieteile und das Lackieren des Autos. Sie arbeiten millimetergenau. Mit ihrer Hilfe können die Autos schneller produziert werden. Damit die Roboter immer genau wissen, was wann zu tun ist, werden sie von Mitarbeitern per Computer programmiert und ständig überwacht.

Industrieroboter sind sehr gelenkig. Mit ihren langen und drehbaren Greifarmen erreichen sie auch die kleinsten Ritzen.

Industrieroboter

VW-Werksgelände mit riesigen Hallen und Parkflächen.

Wie wird ein Auto zusammengebaut?

Aus den Blechrollen werden im Presswerk die Teile für die Karosserie – etwa die Türen – ausgestanzt. Sie werden dann auf dem Fließband von Station zu Station transportiert und von Industrierobotern verschweißt. Dabei fügen sie die Bauteile durch Erhitzen und Verschmelzen ihrer Ränder zusammen. Die fertige Karosserie rollt in ein Tauchbad. Hier erhält sie eine Schutzschicht, damit sie nicht rostet. Danach wird der Farblack aufgesprüht. In der Zwischenzeit werden auch die anderen Teile, wie z. B. Fahrwerk und Motor, zusammengesetzt. Dieses Unterteil wird in die Karosserie eingesetzt. Dann werden noch die Sitze, der Rest der Innenausstattung und die Räder montiert – das Auto ist fertig!

Wie erhält ein Auto seine Farbe?

Nach dem Tauchbad rollt die Karosserie durch eine Trocknungskammer in den Lackierbereich. Dort besprühen Industrieroboter oder Lackierer in Schutzanzügen sie mit einer Füllschicht. Diese füllt kleine Kratzer auf, damit man sie später nicht mehr sieht. Die Unterseite erhält einen speziellen Lack, der vor Steinschlag schützt. Danach wird der farbige Decklack aufgesprüht. Zum Schluss kommt noch Klarlack darüber, damit die Farbe lange hält und schön glänzt. Die letzte Schicht muss ungefähr ein halbe Stunde bei etwa 150 Grad Celsius (° C) trocknen.

Wie lange dauert es, ein Auto zu bauen?

Das Montieren eines Autos dauert nur wenige Stunden. Wie viele genau, hängt vom Autohersteller, der Größe des Autos und den Sonderwünschen der Kunden ab. Ford braucht z. B. für seinen Mittelklassewagen Mondeo wenig mehr als 24 Stunden, davon für die Endmontage, also den Einbau der Teile nach der Lackierung, nur sechs Stunden. Den Rekord unter den Herstellern für die Endmontage hält Smart: In nur drei Stunden ist so ein kleiner Stadtflitzer fertig.

① **Zulieferer** erstellen Bauteile nach Plan.
② **Industrieroboter** verschweißen die Bauteile auf den Fließbändern.
③ Die Karosserie erhält eine **Schutzschicht**.
④ Mehrere Schichten **Lack** werden aufgesprüht.
⑤ Die fertigen Autos werden in die ganze Welt **ausgeliefert**.

Autohochzeit

Wenn das Unterteil mit dem Motor in die Karosserie eingesetzt wird, nennt man das Autohochzeit. Zwei einzelne Teile werden zusammengebracht – eben genau wie zwei Menschen bei einer Hochzeit!

Sicherheit rund ums Auto

Um Autofahren so sicher wie möglich zu machen, besitzen neue Autos modernste Sicherheitstechnik. Bevor diese allerdings serienmäßig in ein neues Modell eingebaut wird, muss sie den Crash-Test bestehen. Ingenieure und Techniker arbeiten an immer neuen Möglichkeiten, um die Sicherheit beim Autofahren zu verbessern. Aber auch die Autofahrer selbst können diese für alle Verkehrsteilnehmer erhöhen, wenn sie das Autofahren in schwierigen Situationen gut beherrschen. Lernen können sie das bei einem Sicherheitstraining.

Das Anlegen des **Sicherheitsgurtes** ist in Deutschland Pflicht.

Crash-Test-Dummy

„Crash" ist das englische Wort für **„Unfall"**.

Wie wird Autofahren sicherer gemacht?

Die Karosserieteile um die Fahrgäste herum sind besonders stabil. Für die Scheiben wird Sicherheitsglas verwendet, das beim Brechen in stumpfe Scherben zerfällt. Die Sicherheitsgurte halten die Fahrgäste sicher in den Sitzen, damit sie bei einem Unfall nicht herumgeschleudert werden. Airbags blasen sich bei einem Aufprall blitzschnell auf. Die Fahrgäste sinken mit den Köpfen in diese Luftkissen hinein und werden so nicht verletzt. Kopfstützen geben bei einem Aufprall dem Genick Halt.

Was passiert bei einem Crash-Test?

Dabei wird geprüft, wie gut die Fahrgäste bei einem Unfall geschützt sind. Dafür lässt man ein Auto mit Crash-Test-Dummys auf den Sitzen gegen Hindernisse fahren. So sehen die Ingenieure z.B., ob die Airbags auslösen, ob die Knautschzonen ausreichen, und ob die Gurte halten.

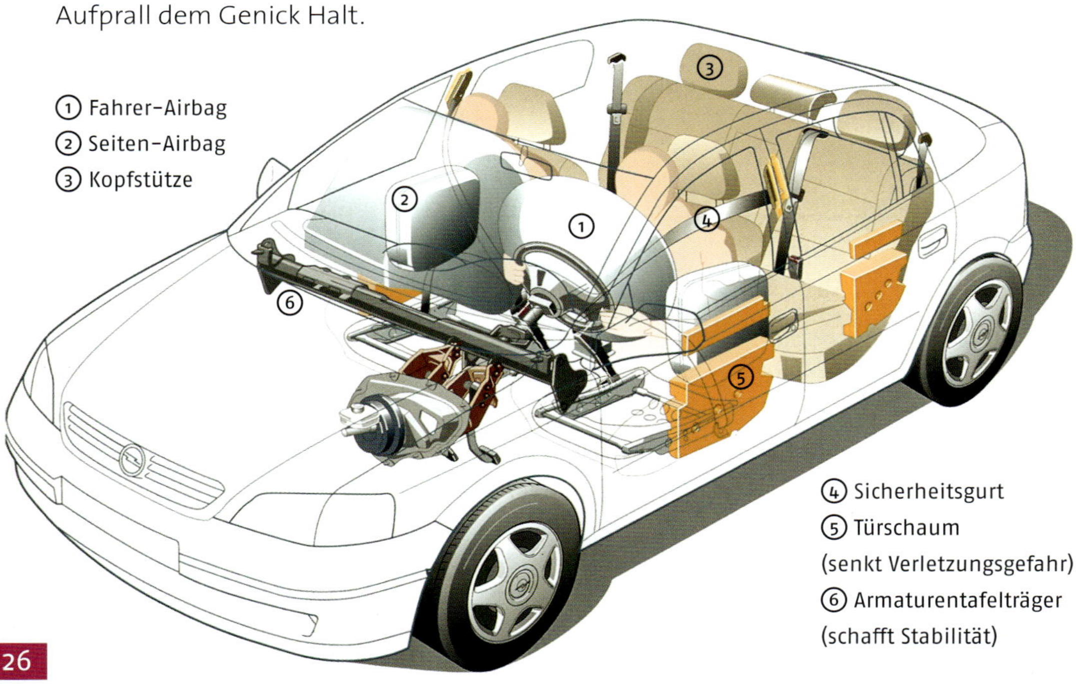

① Fahrer-Airbag
② Seiten-Airbag
③ Kopfstütze
④ Sicherheitsgurt
⑤ Türschaum (senkt Verletzungsgefahr)
⑥ Armaturentafelträger (schafft Stabilität)

Knautschzonen

So heißen die Karosserieteile rund ums Auto, die sich bei einem Aufprall zusammendrücken. Sie bremsen die Wucht des Aufpralls ab und schützen die Fahrgäste in der Fahrgastzelle. Ein Teil der vorderen Knautschzone ist z. B. die Motorhaube.

Crash-Test-Dummys

Die lebensgroßen Puppen aus Stahl und Kunststoff haben Messpunkte auf den verschiedenen Körperteilen. An ihnen prüfen die Ingenieure, wo sich Fahrgäste des Autos bei einem Unfall verletzen könnten.

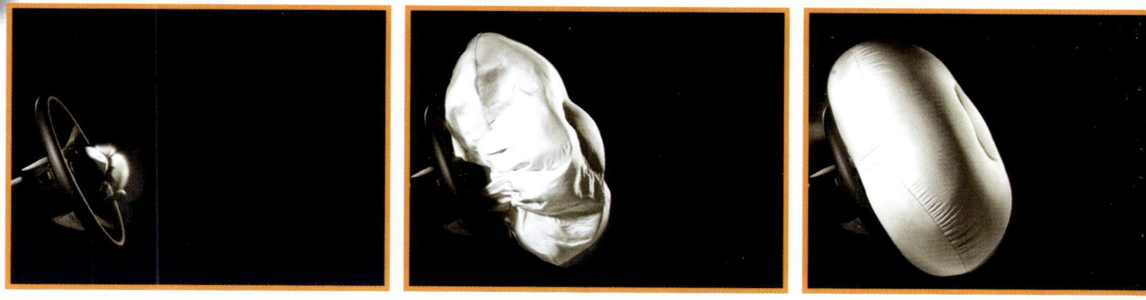

Ein zusammengefalteter **Fahrer-Airbag** bläst sich in etwa **50 Millisekunden** auf. Das ist ungefähr sechsmal schneller, als das Blinzeln beim Auge andauert!

Wodurch wird ein Airbag ausgelöst?

Sensoren erkennen und orten den starken Aufprall und lösen den benötigten Airbag aus. Dabei wird ein Gas entzündet oder eine Druckflasche mit Gas geöffnet, je nach Art des Airbags. Die Gase dehnen sich in Sekundenbruchteilen aus und blasen den Kunststoffsack mit einem lauten Knall auf. Der Fahrer-Airbag sitzt im Lenkrad, und der Beifahrer-Airbag oberhalb des Handschuhfachs. Zusätzlich gibt es in modernen Autos Seiten-Airbags, die sich zwischen Tür und Sitz aufblasen. In manchen Autos gibt es sogar welche für die Knie. Ein Airbag funktioniert nur einmal, danach muss man ihn austauschen.

Sicheres Fahren bei **Aquaplaning** lernen: Wenn die Straße voll Wasser steht, kommen ungeübte Fahrer mit ihren Autos leicht ins **Rutschen**.

Überrollbügel

Welche Autos haben Überrollbügel?

Autos ohne festes Dach besitzen einen Überrollbügel. Das sind vor allem Cabrios und auch Formel-1-Wagen. Der Bügel ist meist aus Metall und schützt die Fahrgäste vor einem Bodenkontakt, falls sich das Auto überschlägt. Bei manchen Cabrios ist er auch versteckt, damit das Auto besser aussieht. Er schnellt hervor, sobald das Auto kippt.

Ohne Überrollbügel besteht Lebensgefahr!

Was lernt man beim Sicherheitstraining?

Dabei wird das Autofahren in schwierigen Situationen geübt. Auf speziellen Übungsplätzen können die Fahrer z. B. Slalom um Hütchen fahren und lernen so, wie sicher ihr Auto in einer Kurve liegt. Sie können auch testen, wann ihr Auto auf nasser Fahrbahn ins Rutschen kommt. Bei einer Vollbremsung finden sie heraus, wie lange ihr Auto für das Anhalten braucht. Weil jeder Pkw ein bisschen anders auf eine Situation reagiert, sollten die Teilnehmer des Sicherheitstrainings am besten ihr eigenes Auto fahren.

Geregelter Verkehr

Wer an einer Kreuzung zuerst abbiegen darf, wann man einen Radfahrer vorbeilassen muss und wie schnell man fahren darf – das und vieles mehr ist durch Verkehrsregeln und Verkehrszeichen festgelegt. So entsteht kein Chaos auf den Straßen, und alle Verkehrsteilnehmer kommen dann sicherer ans Ziel. Dabei gilt: Nur mit bestandener Fahrprüfung darf man Auto fahren! Der Führerschein, also der Fahrausweis, belegt außerdem, dass sein Besitzer alle Verkehrsregeln und Verkehrszeichen kennt.

Frankreich

Damit man **Verkehrszeichen** in jeder Sprache versteht, sehen sie oft ähnlich aus. Ein gutes Beispiel ist das **Stoppschild**.

Wie bekommt man seinen Führerschein?

Dafür muss man in die Fahrschule gehen, Übungsstunden absolvieren und am Ende die Führerscheinprüfung bestehen. Im Theorie-Unterricht lernt man alle Verkehrszeichen und -regeln kennen, und in den Fahrstunden bringt einem der Fahrlehrer das Autofahren bei. Die Prüfung besteht aus einem theoretischen Teil mit einem schriftlichen Test und einem praktischen Teil, in dem bei einer Fahrt geprüft wird, ob man Auto fahren kann. Bei uns darf man den Führerschein erst mit 18 Jahren erwerben, in manchen Ländern geht das auch früher.

Per Handzeichen helfen **Polizisten**, den Verkehr zu regeln.

Autos müssen halten, wenn Fußgänger einen **Zebrastreifen** überqueren wollen.

Der **Fahrlehrer** bringt seinem Schüler alles bei: richtig Gas geben, bremsen, einparken usw. Im praktischen Teil geht es meist sofort auf die Straße. Für den Notfall hat der Fahrlehrer aber ein **eigenes Bremspedal**.

Wie wird der Verkehr geregelt?

Dabei helfen Hunderte verschiedener Verkehrszeichen. Zu ihnen zählen Verkehrsschilder, Ampeln und Fahrbahnmarkierungen wie z. B. Zebrastreifen. Durch eine festgelegte Straßenführung mit Ampeln, Kreiseln und Einbahnstraßen werden Unfälle und Staus vermieden. Wenn auf einer Kreuzung eine große Ampelanlage ausfällt, springen Verkehrspolizisten ein. Per Handzeichen und Trillerpfeife bestimmen sie, wer wann fahren darf.

Hupen

Mit der Hupe im Lenkrad können Autofahrer andere vor Gefahren warnen oder auf etwas aufmerksam machen. Aber man sollte nicht aus Ärger hupen!

Argentinien

China

Dubai

Deutschland

Sonderbare Verkehrszeichen

Manche Verkehrszeichen gibt es nur in bestimmten Ländern. Die Menschen dort haben sich an sie gewöhnt, aber für Urlauber und Besucher sind sie immer etwas Besonderes. Vor welchen Gefahren warnen wohl diese Verkehrszeichen? Man findet sie in Schweden (1), Australien (2), Deutschland (3) und Kanada (4).

(1)

(2)

(3)

(4)

Ampeln stehen vor vielen Kreuzungen und Fußgängerüberwegen, damit es nicht zu Unfällen kommt.

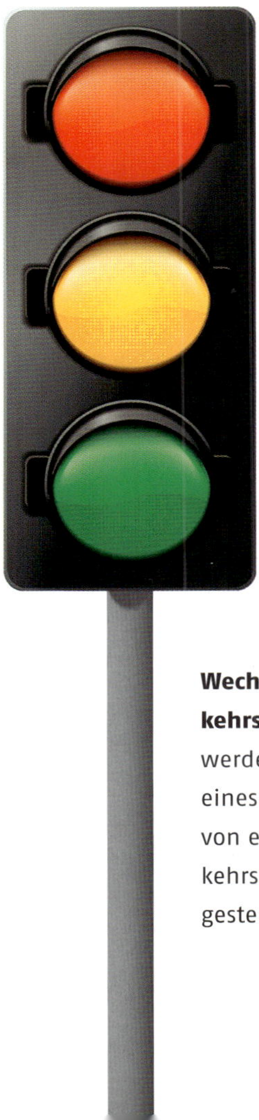

Wie funktioniert eine Ampel?

Eine Ampel leuchtet in verschiedenen Farben. Rot bedeutet: Fahren verboten! Gelb zeigt an, dass gleich die Farbe wechselt. Grün heißt: Fahren erlaubt. Bei Fußgängerampeln und in manchen Ländern gibt es keine gelbe Leuchte. Die Farben einer Ampel wechseln immer in den gleichen Zeitabständen. Manche Ampeln werden auch durch Bodenkontakte oder Bewegungsmelder gesteuert. Diese erkennen, ob viele Autos über die Ampel fahren wollen, und lassen diese dann länger auf Grün geschaltet.

Was sind elektronische Verkehrsleitsysteme?

Diese Verkehrsleitsysteme besitzen computergesteuerte Anzeigen. Kameras und Messgeräte erkennen, wie viele Fahrzeuge auf der Straße sind oder ob es einen Stau gibt. Ein zentraler Computer sammelt all diese Daten und entscheidet dann, welche Verkehrszeichen angezeigt werden. Das können z. B. Geschwindigkeitsbegrenzungen, Stauwarnungen oder Überholverbote sein. So bleibt der Verkehr im Fluss.

Was passiert, wenn man sich nicht an die Regeln hält?

Wenn Autofahrer gegen die Verkehrsregeln verstoßen, müssen sie Geldstrafen bezahlen. Besonders teuer ist zu schnelles Fahren oder das Fahren über eine rote Ampel. Die Polizei kann dem Fahrer sogar für eine Weile das Autofahren verbieten, wenn er die Sicherheit aller Verkehrsteilnehmer besonders gefährdet hat. Am besten hält man sich also immer an die Verkehrsregeln – auch als Fußgänger und Radfahrer.

Wechselverkehrszeichen werden mithilfe eines Computers von einer Verkehrszentrale aus gesteuert.

Auf der Straße

Auf den Straßen ist meist jede Menge los. Deshalb müssen Autofahrer immer sehr aufmerksam sein. Sonst verursachen sie leichter Unfälle oder bremsen nicht rechtzeitig bei plötzlichem Stau. Auch könnte hinter der nächsten Straßenecke ein Auto mit einer Panne die Straße blockieren – oder die Polizei liegt dort mit einer Radarfalle auf der Lauer.

Der bisher längste zusammenhängende **Stau** der Welt entstand 1980 zwischen Paris und Lyon. Er war 176 Kilometer lang!

Wie entsteht ein Verkehrsstau?

Bei Unfällen oder vor Baustellen entstehen oft Staus, weil die Autos anhalten oder langsamer fahren. Aber auch Staus ohne sichtbare Hindernisse sind möglich. Sie bilden sich meist dadurch, dass sich zu viele Autos zur selben Zeit auf einem kurzen Straßenabschnitt befinden. Dort gibt es nun mehr Gedränge, und die Autos müssen deshalb öfter plötzlich abbremsen. Hintereinander muss von Auto zu Auto immer stärker gebremst werden – bis eines so stark bremsen muss, dass es ganz stehen bleibt. So beginnt der Stau. Er löst sich wieder auf, sobald von hinten weniger Autos ankommen als vorn rausfahren.

Autobahnen haben mehrere Spuren und sind oft Hunderte Kilometer lang. An **Autobahnkreuzen** kann man auf eine andere Autobahn oder Straße wechseln.

Welche Straßen gibt es?

Es gibt ganz unterschiedliche Straßen, wie z. B. Spielstraßen, Landstraßen oder Autobahnen. Sie können aus Asphalt, Beton, Pflastersteinen oder Schotter sein. Man unterscheidet sie vor allem nach ihrer Spurenanzahl und der Geschwindigkeit, mit der man sie höchstens befahren darf. Straßen in Städten haben einen Namen, und größere Straßen wie Autobahnen oft eine Nummer. Dadurch weiß man immer, wo man gerade ist. In den meisten Ländern herrscht Rechtsverkehr, d. h., man darf nur auf den rechten Fahrbahnen fahren. Auf den linken kommen einem die Autos aus der Gegenrichtung entgegen.

Auf **Straßen in Ortschaften** muss man für die Sicherheit der Anwohner langsam fahren.

Deutschland

USA

Japan

Autokennzeichen

Anhand der Abkürzungen und Zahlen auf einem Autokennzeichen kann man feststellen, aus welchem Land ein Auto stammt und wem es gehört. Nur mit ihm ist das Auto für den Straßenverkehr zugelassen.

Die Helfer vom **Pannendienst** versuchen, das Auto wieder fahrtüchtig zu machen.

Das **Warndreieck** stellt man in ausreichender Entfernung auf, damit andere Autofahrer es rechtzeitig sehen.

Wer hilft bei einer Panne?

Bei einer Panne, wie z. B. einem qualmenden Motor, sollte man an den Straßenrand fahren und in ausreichender Entfernung hinter dem Auto ein Warndreieck aufstellen. Wenn man das Problem dann nicht selber lösen kann, kann man einen Pannendienst anrufen. Die Mitarbeiter dort kennen sich mit verschiedensten Autos aus und haben immer ihr Werkzeug dabei. Sollte man bei einem Unfall einen Krankenwagen, die Polizei oder die Feuerwehr benötigen, kann man in ganz Europa und z. T. auch anderswo die kostenlose Notrufnummer 112 wählen. In vielen Ländern gibt es dafür auch Notruf-Telefone am Autobahnrand.

Linksverkehr

In Ländern mit Linksverkehr wie England oder Australien haben die Autos auch das Lenkrad auf der anderen Seite.

Wann löst eine Radarfalle aus?

Radarfalle

Eine Radarfalle „schnappt zu", wenn ein Autofahrer schneller fährt als erlaubt. Mithilfe von Radarwellen wird der Abstand des Autos zum Gerät gemessen. Falls der Abstand zu schnell zu klein wird, wird das Auto geblitzt. Dabei wird als Beweis ein Foto des Rasers gemacht. Er muss nun ein Bußgeld bezahlen. Es gibt feste Radarfallen am Straßenrand und solche, die die Polizei nur kurz aufstellt – manchmal sogar versteckt in einem parkenden Auto.

Notruf-Telefon

Wo muss man Maut zahlen?

In vielen Ländern muss man für die Straßennutzung Geld ausgeben – die Maut. Man bezahlt sie an Mautstationen beim Fahren von einer oder auf eine Straße, vor Tunneln oder Brücken. In manchen Ländern entrichtet man die Maut gleich für ein ganzes Jahr und bekommt dafür als Beweis einen Aufkleber, eine sogenannte Vignette. Diese muss man an seine Autoscheibe kleben. Lkws haben in vielen Ländern auch Sender an Bord, die über GPS-Satelliten die Strecken messen und so die Maut berechnen. Kontrollbrücken über den Straßen prüfen die Mautpflicht.

An der **Mautstation** (hier in China) kassieren entweder Mitarbeiter oder man wirft das Geld in einen Automaten.

Schnell unterwegs

Schnelles Autofahren macht vielen Leuten Spaß. Deshalb sind windschnittige Sportwagen, mit denen man in hoher Geschwindigkeit über die Straßen jagen kann, besonders beliebt. Allerdings gibt es fast überall Geschwindigkeitsbeschränkungen, sogenannte Tempolimits. Zu schnelles Autofahren kann nämlich gefährlich sein, weil man schneller einen Unfall baut. Und es macht viel Lärm. Die Geschwindigkeit eines Autos misst man in Kilometern pro Stunde, kurz km/h. Aber z. B. in England und den USA wird die Geschwindigkeit in mph (Meilen pro Stunde) angegeben.

In den meisten Ländern gilt in Ortschaften ein **Tempolimit** von 50 km/h.

Porsche 911 Carrera S

Wie schnell dürfen Autos fahren?

Wie hoch ein Tempolimit ist, ist von Land zu Land verschieden und hängt auch von der Art der Straße ab. Auf Spielstraßen darf man nur Schrittgeschwindigkeit fahren und in Ortschaften höchstens 50 bis 60 km/h. Schneller geht es auf Landstraßen voran, hier sind 80 bis 100 km/h erlaubt. Auf Autobahnen betragen die Tempolimits 110 bis 130 km/h. Eine Ausnahme ist Deutschland: Als einziges Land auf der ganzen Welt hat es kein Tempolimit auf der Autobahn.

Können alle Autos gleich schnell fahren?

Wie schnell ein Auto fahren kann, hängt vor allem von seiner aerodynamischen Form, seinem Gewicht und der Motorleistung ab. Bei den meisten Autos beträgt die Höchstgeschwindigkeit zwischen 150 und 250 km/h. Selbst bei Autos desselben Modells kann dies unterschiedlich sein, je nach eingebauter Motorart.

Der **Porsche 911** ist einer der bekanntesten Sportflitzer: Das neueste Modell Carrera S hat 400 PS und schafft 304 km/h. Von 0 auf 100 km/h ist er in 4,5 Sekunden.

Von 0 auf 100 km/h

Ein Auto mit mehr PS ist nicht unbedingt schneller als eines mit weniger, aber es kann schneller von 0 auf 100 km/h beschleunigen! Für viele Autofahrer ist es ein tolles Gefühl, von der steigenden Geschwindigkeit in den Sitz gepresst zu werden. Man spricht auch von einem Geschwindigkeitsrausch.

Ein **Kleinwagen** wie der **Citroën C3** hat je nach Motorart zwischen 60 und 120 PS. Er ist bis zu 190 km/h schnell.

Große Limousinen haben mehr PS und sind schneller als kleine Autos. Der **Audi A8** z. B. hat bis zu 372 PS und schafft an die 250 km/h.

Auf dem **Tachometer** sieht man oft auch den **Kilometerstand** (1). Er zeigt die Menge aller bisher gefahrenen Kilometer an.

Wie funktioniert ein Tachometer?

Am Tachometer im Armaturenbrett kann man ablesen, wie schnell das Auto gerade unterwegs ist. Bei modernen Pkws funktioniert das über ein elektronisches Steuergerät. Es misst, wie oft sich das Rad oder die Kardanwelle, die aus dem Getriebe kommt, dreht. Der kleine Computer berechnet daraus, wie weit er die Tachonadel ausschlagen lassen muss. Diese zeigt dann an, wie viel km/h man gerade fährt.

Welche Autos dürfen rasen?

Rennautos sollen rasen – aber natürlich nur auf Rennstrecken! Auf normalen Straßen dürfen nur Krankenwagen, Polizei- und Feuerwehrautos, die zu einem Einsatz unterwegs sind, schneller als erlaubt fahren. Schließlich brauchen die Menschen oder Tiere in Not schnellstmöglich Hilfe. Damit die anderen Autofahrer wissen, dass sie schnell Platz machen müssen, schalten die Einsatzwagen bei der Fahrt ihre Warnlichter und Sirenen an.

Meistens sind die Helfer mit **Blaulicht** unterwegs. Damit man das Warnlicht gut sieht, sitzt es oft auf dem Dach.

Je schneller ein Auto unterwegs ist, desto heftiger sind Aufprall und **Unfallschaden**.

Warum ist zu schnelles Fahren so gefährlich?

Andere Verkehrsteilnehmer rechnen oft nicht mit einem rasenden Auto. Das kann gefährlich sein. Umso schneller der Autofahrer ist, desto länger braucht er für eine Vollbremsung. Außerdem hat er das Fahrzeug bei höherer Geschwindigkeit viel schlechter unter Kontrolle. Dadurch kommt es leichter zu Unfällen. Oft sind das nur kleine Auffahrunfälle mit Blechschäden, aber es können dabei auch Menschen verletzt werden oder ums Leben kommen.

Bekannte Sportwagenhersteller

Einige Hersteller haben sich auf schnelle Autos spezialisiert, wie etwa Ferrari, Porsche oder Lamborghini. Ihre Modelle sind begehrt, aber auch sehr teuer. Viele Sportwagen haben nur zwei Sitze, dafür aber umso mehr PS und eine gute Aerodynamik.

Ferrari 458 Spider

In der Werkstatt

Bei einer Panne oder einem Reifenwechsel heißt es: Ab in die Werkstatt! Die Automechaniker dort kennen sich bestens mit Autos aus. Sie können feststellen, warum ein Auto nicht mehr fährt, und besitzen für alle Arbeiten rund ums Auto das nötige Werkzeug. Manche Werkstätten haben sich auf eine bestimmte Marke spezialisiert. Sie haben Ersatzteile für genau diese Autos vorrätig, und die Mitarbeiter kennen sich besonders gut mit den Modellen dieser Marke aus.

In einer großen **Werkstatt** schrauben die **Kraftfahrzeug-Mechatroniker** oft an mehreren Autos gleichzeitig.

Wann muss ein Auto in die Werkstatt?

Wenn etwas kaputt ist oder wegen Abnutzung ausgetauscht werden muss, bringt man sein Auto in die Werkstatt. Es muss außerdem immer wieder kontrolliert werden, ob alle Teile des Autos noch richtig funktionieren. Diese Sicherheitskontrollen heißen auch Inspektionen. Eine ist bei allen Autos regelmäßig Pflicht: die Hauptuntersuchung. Besteht ein Auto die HU nicht, darf es nicht mehr gefahren werden. Es gibt zudem freiwillige Inspektionen, wie z. B. vor einer Urlaubsfahrt. Dabei lässt man vor allem den Ölstand, die Lichter und Bremsen testen.

Es gibt Sommer- und Winterreifen. Beim **Reifenwechsel** werden sie ausgetauscht.

Was passiert in der Werkstatt?

Heutzutage wird nicht mehr nur mit Werkzeugen am Auto herumgeschraubt. Als Hilfsmittel werden Computer an das Auto angeschlossen. Dadurch können die Fachleute z. B. Fehler in der Elektronik finden oder die Software des Bordcomputers aktualisieren. Nach getaner Arbeit macht man eine kurze Probefahrt. Wenn alles in Ordnung ist, erhält der Autobesitzer eine Rechnung und sein Auto zurück.

Mit moderner **Computer-Prüftechnik** können z. B. die Achsen wieder richtig eingestellt werden, damit das Auto seine Spur hält.

Bei der **HU** wird mithilfe von Checklisten geprüft: Alles o.k.?

Abgasuntersuchung

Bei der Abgasuntersuchung wird bei laufendem Motor ein Schlauch mit Sonde an den Auspuff des Autos angeschlossen. Die Sonde misst, ob die Abgase der Norm entsprechen. Sie dürfen beispielsweise kein giftiges Kohlenmonoxid enthalten.

Was ist eine Hauptuntersuchung?

Bei der Hauptuntersuchung wird geprüft, ob das Auto sicher und umweltfreundlich am Straßenverkehr teilnimmt. Testen lassen kann man das in der Werkstatt einer Prüforganisation, wie etwa dem TÜV. Die Experten dort untersuchen alle Bauteile ganz genau. Sie prüfen z. B. die Lenkradfunktion, den Zustand der Reifen, und ob die Hupe einwandfrei funktioniert. Außerdem wird bei der Abgasuntersuchung gemessen, ob aus dem Auspuff des Autos giftige Abgase ausgestoßen werden. Die Hauptuntersuchung muss alle zwei Jahre wiederholt werden.

Hebebühne

Mit Hebebühnen werden Autos angehoben. So ist es möglich, auch unter dem Auto Reparaturen durchzuführen und die Reifen zu wechseln.

Warum steht das Auto beim Bremsenprüfstand auf Rollen?

Wenn man die Bremsen eines Autos testen will, müssen sich zuerst die Räder drehen. Dafür kommt das Auto auf den Bremsenprüfstand. Dort steht es auf Rollen im Boden, die die Räder automatisch antreiben. Wenn das Auto bremst, misst ein Computer, wie stark die Rollen abgebremst werden. So kann man erkennen, wie gut die Bremsen funktionieren.

Bremsenprüfstand

Rollen

Was geschieht mit kaputten Autos?

Kaputte Autos landen auf dem Schrottplatz. Dort werden zuerst die Kunststoffteile, das Glas und die Elektronik ausgebaut. Vieles davon kann recycelt werden, d. h., man kann es wiederverwenden. Die Metallteile werden von der Schrottpresse zu einem Paket gepresst. Die Schreddermaschine teilt es danach in Stücke. So kann der recycelbare Stahl aussortiert, eingeschmolzen und z. B. zu neuen Autoblechen verarbeitet werden.

Schrottpresse

Berufe rund ums Auto

Es gibt viele Berufe, die etwas mit Autos zu tun haben. Die Menschen in der Autoindustrie arbeiten beispielsweise als Fahrzeuglackierer oder verdienen ihr Geld mit Autowerbung. Es gibt sogar Menschen, die ohne Auto ihren Beruf gar nicht ausüben könnten, wie etwa Rennfahrer oder Taxifahrer. Für viele Berufe braucht man eine Ausbildung und für manche ein Studium an einer Hochschule. Berufe rund ums Auto sind bei vielen jungen Leuten sehr beliebt.

Fahrlehrer machen selbst eine Ausbildung, bevor sie Fahranfänger unterrichten.

Werbefachleute denken sich im Auftrag der Hersteller neue Autowerbung aus. Sie arbeiten in Werbeagenturen.

Welche Aufgaben hat ein Verkehrspolizist?

Verkehrspolizisten überwachen den Straßenverkehr. Sie sind dabei nicht nur mit dem Auto unterwegs, sondern auch zu Fuß, mit dem Motorrad oder sogar auf dem Pferd! Sie regeln an Kreuzungen die Vorfahrt, nehmen die Daten bei Verkehrsunfällen auf oder jagen flüchtende Autofahrer. Außerdem eskortieren sie Politiker und Staatsgäste sicher ans gewünschte Ziel. Verkehrspolizisten errichten auch Straßensperren und kontrollieren Autofahrer, Lkw-Fahrer und Transporter.

Der **Verkehrspolizist** kontrolliert Führerschein, Fahrzeugschein und Fracht des Lkw-Fahrers.

Was muss ein Fahrlehrer können?

Wer anderen das Autofahren beibringt, muss alle Verkehrsregeln und Verkehrszeichen kennen und natürlich das Autofahren perfekt beherrschen. Der Fahrlehrer muss gut erklären können, damit die Schüler im Fahrschulunterricht alles verstehen. Außerdem braucht er starke Nerven: Fahranfänger sind bei den ersten Fahrstunden noch unsicher und machen dann Fehler. Der Fahrlehrer muss dann schnell reagieren und einen kühlen Kopf bewahren.

Beliebte Autoberufe

Autojournalist – berichtet über Autos in Zeitung, Radio und Fernsehen
Fahrzeugdesigner – zeichnet und erstellt neue Autodesigns – siehe S. 20
Ingenieur für Fahrzeugtechnik – entwickelt neue Autotechnik – siehe S. 20
Rennfahrer – darf in schnellen Autos Rennen gewinnen – siehe S. 38
Testfahrer – testet die Prototypen in Extremsituationen – siehe S. 23
Pannenhelfer – repariert oder schleppt kaputte Autos ab – siehe S. 31

Rund um den Transport

Für viele Berufe werden Fahrzeuge als Transportmittel genutzt: Busse, Krankenwagen und Taxis befördern Personen von Ort zu Ort. Post und Pakete werden von Lieferwagenfahrern verteilt, und Lkw-Fahrer transportieren Frachtgut über weite Strecken.

Englisches Taxi

Lieferdienst

Verladen von Frachtgut

In der Werkstatt bringt der **Meister** den **Auszubildenden** alles bei.

Wie wird man Kraftfahrzeug-Mechatroniker?

Für diesen beliebten Beruf (früher Automechaniker) macht man eine mehrjährige Ausbildung. Sie findet abwechselnd in Werkstatt und Berufsschule statt. Man lernt, wie Autos funktionieren, und wie man sie repariert. Eine Ausbildung zum Meister ist die nächste Stufe.

Wo arbeiten Automobilkaufleute?

Automobilkaufleute sind als Verkäufer in Autohäusern, bei Mietwagenfirmen oder in der Verwaltung bei den Herstellern tätig. Sie beraten Kunden beim Autokauf, bearbeiten Aufträge oder kümmern sich um die Beschaffung von Teilen für den Autobau. Automobilkaufleute müssen gut mit Menschen und mit Zahlen umgehen können.

Im **Autohaus** kann man meist Neuwagen und gebrauchte Pkws kaufen. Viele **Autohändler** sind auf eine Marke spezialisiert.

Warum arbeiten bei Autoversicherungen auch Detektive?

Jeder Autofahrer zahlt Geld in eine Autoversicherung ein, die dafür dann bei Unfällen die Kosten des Schadens übernimmt. Je nach Versicherung muss man aber z. T. doch selbst zahlen, etwa wenn man am Unfall Schuld hat. Wenn die Autoversicherung den Verdacht hat, betrogen zu werden, setzt sie einen Detektiv ein. Er begutachtet die Unfallschäden und sucht nach stichfesten Beweisen, wie ein Unfall passiert ist. Danach ist klar, wer bezahlen muss.

Ein **Detektiv** ist auf der Suche nach Beweisen.

Formel 1

Die Formel 1 gilt als die Königsklasse des Motorsports. Tausende von Fans verfolgen an den Strecken die Rennen, und Millionen schauen sie sich live im Fernsehen an. Um die zwölf Rennställe, so heißen die Teams, schicken ihre Formel-1-Piloten an den Start. Es gibt feste Regeln und genaue Vorschriften, wie die Autos gebaut sein müssen (Formel). Eine Saison besteht aus mehreren Einzelrennen, die auch „Grand Prix" genannt werden und in verschiedenen Ländern stattfinden. Wer in einer Saison dabei die meisten Punkte gewinnt, ist Formel-1-Weltmeister.

Über Schaltwippen am **Formel-1-Lenkrad** werden die Gänge geschaltet.

Formel-1-Rennwagen wie dieses Modell von Ferrari haben knapp 800 PS und sind auf gerader Strecke bis zu 350 km/h schnell!

Wie ist ein Formel-1-Wagen gebaut?

Die Rennwagen sind flach, breit und liegen tief auf der Straße. Dadurch fliegen sie auch bei hohem Tempo nicht aus der Kurve. Der Heckflügel kann bei Überholmanövern flacher gestellt werden und sorgt für einen zusätzlichen Geschwindigkeitsschub von etwa 15 km/h. Zur Sicherheit ist bei Formel-1-Wagen ein Überrollschutz hinter dem Fahrer angebracht. Für einen guten Grip, also Halt auf der Straße, werden die großen Gummireifen je nach Wetterlage gewechselt. Das Cockpit ist so eng, dass die Fahrer zum Ein- und Aussteigen das Lenkrad abstecken müssen.

Wie läuft ein Grand Prix ab?

Beim Start geht es oft chaotisch zu und während des Rennens kommt es zu spannenden Überholmanövern. Kiesbette und Reifenstapel schützen die Piloten bei Unfällen. Trotzdem sind die Rennen immer gefährlich. Wer nach ungefähr zwei Stunden als Erster durchs Ziel schießt, hat den Grand Prix gewonnen und bekommt die meisten Punkte für die Gesamtwertung.

Bei **Rennende** wird eine schwarz-weiß-karierte Fahne geschwenkt.

Ein **Grand Prix** wie auf der Rennstrecke in São Paulo geht über mehrere Runden und ist etwa 300 Kilometer lang.

Umso leichter **Formel-1-Wagen** sind, desto schneller fahren sie. Daher muss auch das Modell von Red Bull aus Fairnessgründen mindestens 640 kg wiegen.

Wenn die große **Ampel** auf Grün schaltet, **startet das Rennen**, und die Piloten geben Gas.

Die Piloten der Formel 1

Die Rennfahrer der Formel 1 nennt man Formel-1-Piloten. Sie müssen sehr gut Auto fahren können und körperlich topfit sein. Bei den hohen Geschwindigkeiten Kurven zu fahren ist besonders anstrengend und gefährlich.

Was ist die „Poleposition“?

Das ist der beste Startplatz zu Rennbeginn. Man steht ganz an der Spitze der zwei versetzt angeordneten Reihen. Von dort hat man die besten Siegchancen. Deshalb gibt es am Vortag ein Vorrennen, das Qualifying. Der Gewinner darf auf die Poleposition. Die anderen Fahrer müssen sich in der Reihenfolge der Bestzeiten hinter ihm einreihen.

Was passiert beim Boxenstopp?

Ein guter **Boxenstopp** sollte weniger als drei Sekunden dauern.

Beim Boxenstopp fahren die Fahrer von der Strecke in die Boxengasse ab. Jeder Rennstall hat eine eigene Box, die wie eine kleine Werkstatt aussieht. Dort wechselt das Boxenteam blitzschnell die Reifen, säubert das Visier des Fahrers oder führt kleine Reparaturen durch. Der Boxenstopp sollte so kurz wie möglich sein, jede Hundertstelsekunde zählt und kann sogar den Sieg kosten!

Wann kommt das Safety Car ins Rennen?

Das Rennen wird unterbrochen, wenn die Sicherheit der Fahrer in Gefahr ist – also sobald es zu stark regnet, abgefallene Wagenteile auf der Strecke liegen oder bei einem größeren Unfall. Dann kommt das Safety Car zum Einsatz. Es setzt sich vor den führenden Wagen und gibt eine sichere Geschwindigkeit vor. Keiner darf es überholen!

Konstrukteurs-Weltmeisterschaft

Neben dem Piloten kann auch der Rennstall mit dem besten Auto Weltmeister werden. Dafür tüfteln die Konstrukteure und Techniker vor jeder Saison daran, die Rennwagen noch schneller und besser zu machen.

Wer ist der jüngste Formel-1-Weltmeister?

Viele berühmte Formel-1-Weltmeister wie Ayrton Senna oder Michael Schumacher schafften dies vor ihm, doch er ist der Jüngste unter ihnen: Sebastian Vettel aus Deutschland. In seinem Rennwagen von Red Bull Racing wurde er 2010 mit nur 23 Jahren Formel-1-Weltmeister.

Sebastian Vettel

Motorsport

Spannende Wettrennen, vorbeirasende Rennwagen und das Mitfiebern auf den Sieg machen den Motorsport so interessant. Es gibt zahlreiche Wettbewerbe, in denen Hochleistungswagen unterschiedlichster Klassen gegeneinander antreten. Einige Motorsportarten finden auf Rundstrecken statt, manche im freien Gelände. Genauso wichtig wie schnelle Autos sind gute Rennfahrer. Dabei sind jahrelanges Training und viel Erfahrung wichtig. Viele Fahrer haben schon in jungen Jahren mit dem Kartsport angefangen und sich dann immer weiter nach oben gearbeitet.

NASCAR-Rennwagen sind fast alle identisch. Auf ovalen Strecken mit erhöhten Kurven kämpfen sie um die vordersten Plätze.

Kartfahren ist zwar ein teurer Spaß, kann aber ein Karrierestart sein.

Welche Motorsportarten gibt es?

Sehr bekannt ist der Formelsport mit seinen Serien Formel 1 und Formel 3. Rennserien der US-Organisation NASCAR, wie beispielsweise die Sprint-Cups, sind in den USA sehr beliebt. Bei Sportwagen-Rennen fahren Sportwagen und bei Tourenwagen-Rennen Serienfahrzeuge um die Wette. Kurvenreiche und steile Strecken müssen die Rennfahrer der Bergrennen meistern. Rallyes sind Langstrecken-Rennen mit festgelegten Routen, die in mehrere Abschnitte (Etappen) unterteilt sind. Mit Kartenmaterial und Beifahrer machen sich die Rennfahrer auf die Reise.

Welche Rallye findet in der Wüste statt?

Die weltberühmte Rallye Dakar wird seit 2009 jedes Jahr in Südamerika (vorher Afrika) ausgetragen. Die Geländewagen fahren auf teils nicht abgesperrten Strecken in mehreren Etappen durch Hitze und Sand. Bei diesem Wüstenmarathon legen die Fahrer bis zu 800 Kilometer am Stück zurück. Nachts wird pausiert, am nächsten Tag geht es weiter. Mehrere Tausend Kilometer müssen Fahrer und Kopilot ganz auf sich allein gestellt bewältigen!

Kartsport

Kartsport ist die typische Rennklasse für den Einstieg in den Motorsport, denn er ist vor allem für Kinder und Jugendliche geeignet. Bereits ab acht Jahren darf man in der Bambini-Klasse mit den kleinen, leichten Karts über die Pisten sausen.

Dünen, Schlaglöcher und Steinbrocken gilt es bei der **Rallye Dakar** zu überwinden.

Tourenwagen

Eisrennen können natürlich nur in den kalten Jahreszeiten stattfinden – und auch dann nur, wenn das Eis nicht schmilzt!

Wo werden Eisrennen ausgetragen?

Eisrennen sind Autorennen auf Schnee und Eis. Sie finden beispielsweise in Frankreich, Skandinavien und den Alpen statt. Die Rallyeautos besitzen Allradantrieb und Reifen mit Spikes, damit sie genug Grip auf dem Boden haben. Die wohl berühmteste Eisrenn-Serie ist die Trophée Andros in Frankreich.

Jedes Jahr gibt es eine **Autocross-Europameisterschaft**. Die Buggys werden extra für die Rennen gebaut.

Was sind Autocross-Rennen?

Autocross-Rennen werden auf losem Untergrund aus Erde, Sand oder Schotter ausgetragen. Das kann ganz schön holprig werden! Bei den Rennen fährt man oft mit einsitzigen Buggys um die Wette.

Was sind Tourenwagen-Rennen?

Tourenwagen-Rennen werden mit serienmäßig produzierten Autos verschiedener Hersteller ausgetragen. Diese sehen fast genauso aus wie die normalen Straßenfahrzeuge und treten in unterschiedlichen Klassen gegeneinander an. Zum Schutz für die Fahrer sind sie aber mit einer stabileren Fahrgastzelle ausgestattet.

Stockcars haben keine Fensterscheiben, damit bei den Massencrashs keine gefährlichen Glasscherben umherfliegen.

Dragster-Rennen

Hier treten die Fahrer im Zweikampf gegeneinander an. Sie müssen aus dem Stand eine gerade Rennstrecke von 400 Metern zurücklegen – natürlich so schnell es geht. Dafür müssen sie die speziellen Wagen extrem schnell beschleunigen. In der höchsten Klasse haben die Autos bis zu 8000 PS und schaffen es in weniger als fünf Sekunden auf 500 km/h! Abgebremst werden die Dragster durch einen Fallschirm.

Bei welchen Rennen dürfen Autos gerammt werden?

Bei Stockcar-Rennen versucht jeder Fahrer, die anderen aus dem Rennen zu stoßen. Weil die Autos dabei zu Schrott gefahren werden, benutzt man alte Gebrauchtwagen. Eingebaute Überrollkäfige schützen die Fahrer bei einem Überschlag.

Rekorde und Kuriositäten

Schneller, teurer, sonderbarer: Immer wieder lassen sich Tüftler und Autohersteller neue Autowunder einfallen. Nicht alles ist wirklich straßentauglich – aber auf jeden Fall bestaunenswert!

Können Autos schwimmen?

Ja! Man nennt diese wassertauglichen Autos Amphibienfahrzeuge. Das hier abgebildete Gibbs Aquada kann in nur zwölf Sekunden seine Räder einziehen und verwandelt sich so in ein Boot.

Welches ist das schnellste Auto der Welt?

Das Raketenauto Thrust SS fuhr bei einem Weltrekordversuch 1997 in der Wüste von Nevada 1228 km/h schnell. Dabei durchbrach es sogar die Schallmauer! Der Flitzer hat über 100 000 PS und wird von zwei Düsentriebwerken angetrieben.

Wie viel kostet das teuerste Auto?

Der Bugatti 57SC Atlantic wurde 2010 bei einer Auktion für 23 Millionen Euro versteigert – so teuer war bisher kein Auto! Von dem Oldtimer aus den 30er-Jahren gibt es insgesamt nur vier Stück.

Welches ist das meistverkaufte Auto der Welt?

Der Toyota Corolla ist mit bisher über 35 Millionen vertriebenen Exemplaren das meistverkaufte Auto weltweit. Der japanische Mittelklassewagen wird seit 1966 in verschiedensten Modellversionen gebaut. In Europa heißt er mittlerweile Toyota Auris.

Welches Auto ist aus Kunststoff?

Der Trabant ist ein Auto aus der ehemaligen DDR, dessen Karosserie ganz aus Kunststoff besteht. Er wurde bis 1991 gebaut, einige Exemplare sieht man sogar heute noch auf den Straßen. Der „Trabi" hat Kultstatus und damit viele Fans!

Gibt es fliegende Autos?

Das erste serienmäßige Flugauto ist noch in Planung: das Carplane von John Brown. In nur 15 Sekunden soll es seine Flügel ausklappen und abheben können. Es soll in der Luft 210 km/h und auf dem Boden 170 km/h schnell sein.

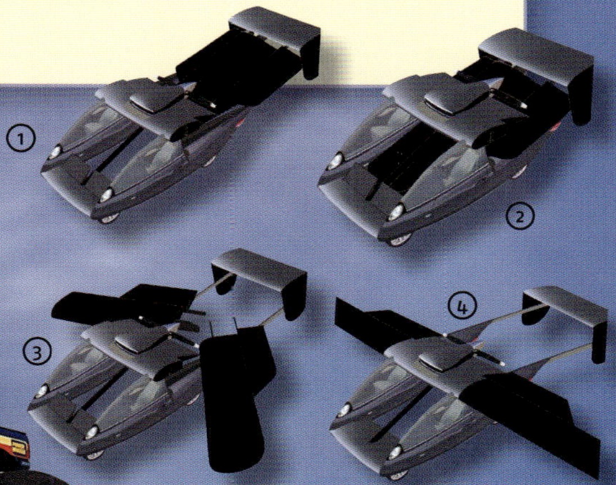

Welche Autos haben Riesenreifen?

Monstertrucks, die bei Shows mit ihren Riesenreifen über Schrottautos springen. Die gigantischsten Modelle haben Reifen, die größer sind als ein Mensch!

Was sind getunte Autos?

Autos, die von den Besitzern selbst optisch verändert und technisch aufgerüstet wurden, sind getunt. Oft sind sie tiefergelegt. Manchmal haben sie auch Heckspoiler oder mehrere Auspuffrohre, damit sie besonders laut röhren.

Stretchlimo
Länge: 21,93 m

Welche Autos sind die längsten der Welt?

Stretchlimousinen! Die Rekordhalterin unter ihnen ist mehr als 30 Meter lang. Diese Autos bieten Platz für allerlei Luxus, wie etwa einen Pool. Die Luxusschlitten muss man sich aber erst einmal leisten können!

Das Auto und die Umwelt

Über eine Milliarde Autos auf den Straßen der Welt führen zu verstärkter Umweltverschmutzung. Vor allem, weil durch die Kraftstoffverbrennung schädliche Abgase aus dem Auspuff kommen. Umso mehr Autos, desto mehr Abgase gelangen auch in die Umwelt. Deshalb werden immer sparsamere Autos entwickelt, und auch solche, die gar keinen herkömmlichen Kraftstoff mehr brauchen. Diese Pkws mit alternativen Antrieben müssen sich auf dem Markt aber erst noch durchsetzen.

Warum schadet Autofahren der Umwelt?

Autos produzieren Feinstaub. Dieser ist mitunter Schuld am Smog, der sehr gesundheitsschädlich ist. In den Abgasen befindet sich auch das Gas Kohlendioxid, das zum Treibhauseffekt beiträgt. Verkehrslärm belastet unsere Gesundheit. Für den Bau neuer Straßen werden außerdem Tiere und Pflanzen aus ihren Lebensräumen verdrängt.

Der **Smog**, der oft über Großstädten hängt, ist ein Nebel aus Feinstaub und Gasen.

Was ist der Treibhauseffekt?

Sonnenstrahlen werden auf der Erde umgewandelt und als Wärme wieder ins All zurückgestrahlt. Treibhausgase in der Atmosphäre, wie das Kohlendioxid, funktionieren dabei wie die Scheiben eines Treibhauses: Sie halten die Wärme zurück, damit es auf der Erde nicht bitterkalt wird. Zuviel Treibhausgas verstärkt aber den Treibhauseffekt: Weniger Wärmestrahlen verlassen die Erde, es wird immer heißer. Deshalb ist das Kohlendioxid der Autoabgase so schädlich.

Bei starker Sonneneinstrahlung bildet sich aus Abgasen auch das giftige Gas **Ozon**. Dann gibt es mancherorts **Ozonalarm** und **Autofahrverbote**.

① Zu viele **Treibhausgase** – wie das Kohlendioxid – gelangen in die **Atmosphäre**.
② **Sonnenstrahlen** werden von der Erde als **Wärmestrahlen** reflektiert.
③ Treibhausgase halten diese in der Atmosphäre zurück, dadurch **erwärmt sich die Erde.**

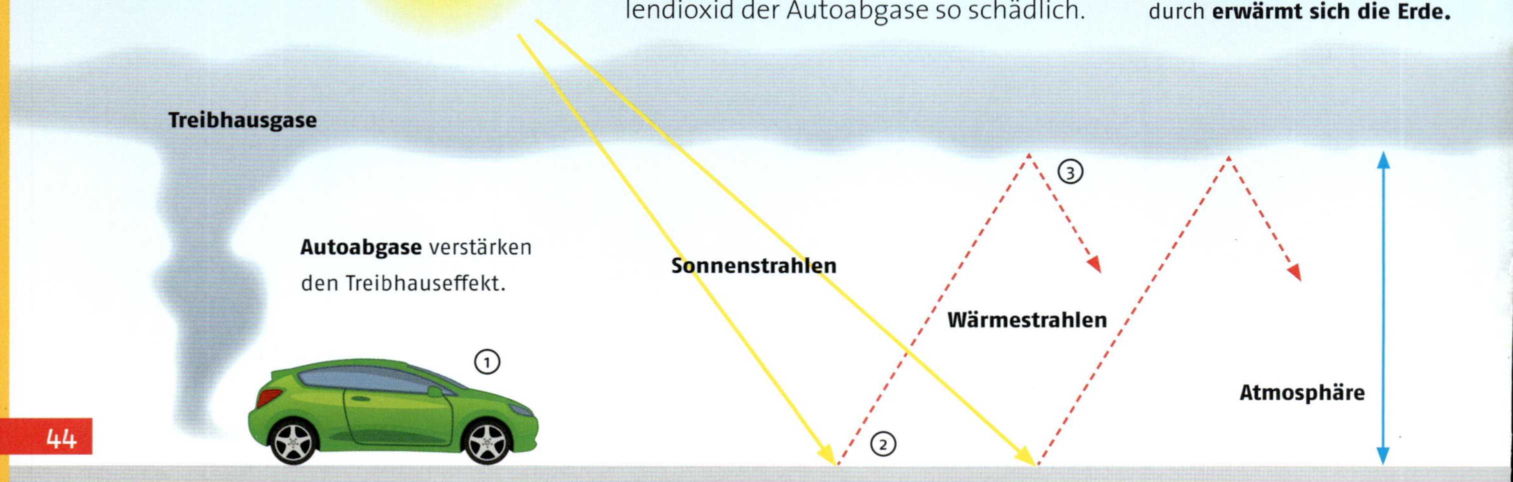

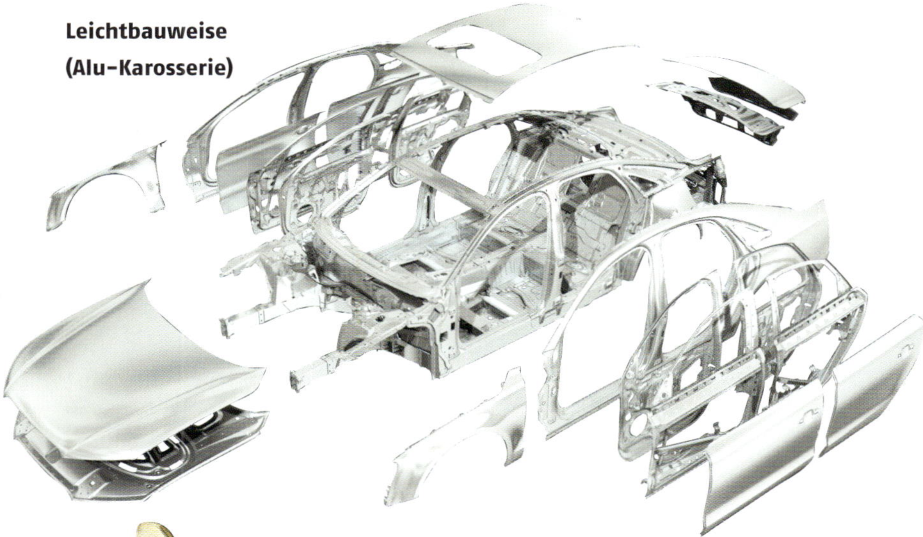

Leichtbauweise (Alu-Karosserie)

Libellen sind ein Vorbild für die **Leichtbauweise**: Sie sind extrem leicht, haben aber trotzdem einen stabilen Körperbau und robuste Flügel.

Feinstaub

Feinstaub besteht aus Dieselruß und Staubkörnern, die durch den Abrieb von Reifen und Bremsbelägen entstehen. Kontrollstationen messen, ob zu viel Feinstaub in der Luft ist.

Feinstaub-Messstation

Was macht Autofahren umweltfreundlicher?

Sparsamere Motoren, recycelbare Materialien und Katalysatoren tragen zum Umweltschutz bei. Bei Dieselfahrzeugen filtert man Ruß aus den Abgasen. Langsameres Fahren verbraucht weniger Sprit. Außerdem versucht man, immer leichtere Autos zu bauen: Je weniger Masse transportiert werden muss, desto weniger Kraftstoff verbraucht man. Dafür setzt man modernste Stahlsorten ein oder verwendet Aluminium und Hightech-Kunststoffe.

Wie funktioniert ein Katalysator?

Bevor Abgase durch den Auspuff entlassen werden, gelangen sie durch einen Katalysator. Er besteht aus wabenförmigen Kanälen, die mit Platin oder ähnlichen Stoffen beschichtet sind. Die Stoffe wandeln die giftigen Abgase chemisch in ungiftige um. Beispielsweise wird aus dem giftigen Kohlenmonoxid das eigentlich ungiftige Kohlendioxid. Alle neuen Autos besitzen Katalysatoren.

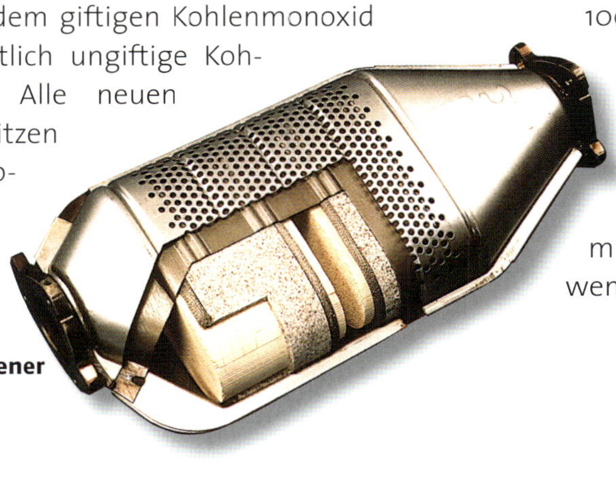

Aufgeschnittener Katalysator

Was sind Umweltzonen?

Das sind innerstädtische Sperrzonen für Autos, die zu viel schädliches Abgas ausstoßen. Verkehrsschilder kündigen Umweltzonen an und weisen aus, welche Autos überhaupt hineinfahren dürfen. Wer keine entsprechende Plakette hat, muss draußen bleiben. So wird die Feinstaubbelastung in den viel befahrenen Innenstädten verringert.

Carsharing

Dabei teilt man sich zu mehreren ein Auto (engl. car = Auto, to share = teilen). Das ist umweltfreundlich, weil man das Auto nur nutzt, wenn man es wirklich braucht. Besonders sinnvoll ist Carsharing in der Stadt, weil man so Parkplätze einspart. Auch Firmen bieten Autos dafür an.

VW Polo 1.2 TDI Bluemotion

Welche Autos sind am umweltfreundlichsten?

Das sind Autos, die möglichst wenig Sprit verbrauchen und kaum Kohlendioxid ausstoßen. Ein Spitzenreiter ist z. B. der VW Polo 1.2 TDI Bluemotion: Er verbraucht nur 3,8 Liter Diesel auf 100 Kilometern. Besonders umweltfreundlich sind Autos mit alternativen Antriebstechniken, wie z. B. Hybridautos. Sie fahren zum Teil mit Strom und stoßen so weniger Kohlendioxid aus.

Autos heute und morgen

Schon heute gibt es Autos mit alternativen Antrieben. Sie fahren mit Strom, Gas oder Wasserstoff. In einigen Jahrzehnten werden sie die Benzin- und Dieselautos zu einem großen Teil ersetzen. Ein Grund dafür ist auch, dass Erdöl ein fossiler Rohstoff ist und irgendwann aufgebraucht sein wird. Bis dahin wollen die Forscher die Probleme rund um die alternativen Antriebe gelöst haben. Das bedeutet unter anderem, die Leistung und Reichweite der Autos zu verbessern.

Der **Toyota Prius** ist ein beliebtes Hybridauto und wurde schon über zwei Millionen Mal verkauft.

Was ist ein Hybridauto?

Hybridautos besitzen zwei Antriebstechniken: einen Elektromotor und z. B. einen Verbrennungsmotor, der meist mit Benzin fährt. Beide sind mit einem Steuergerät verbunden, das je nach Fahrsituation einen oder beide Motoren gleichzeitig auswählt. Bei langsamem Stadtverkehr wird beispielsweise nur der Elektromotor angesteuert. Das ist spritsparend, und das Auto erzeugt gleichzeitig weniger Abgase.

Wie funktionieren reine Elektroautos?

Sie fahren nur mit Strom, den der Elektromotor z. B. aus einer wiederaufladbaren Batterie erhält. Elektroautos erzeugen keine Abgase und kaum Lärm. Allerdings kommt man mit einer vollen Batterie bisher nur rund 100 Kilometer weit. Dann muss man „tanken" oder die Batterie austauschen. Weil es erst wenige Stromtanksäulen gibt, und neue Batterien noch sehr teuer sind, gibt es bisher kaum Elektroautos zu kaufen.

Elektroautos „tanken" Strom und laden so ihre Batterie wieder auf.

Wasserstoffautos

Wasserstoffautos besitzen einen Verbrennungsmotor, in dem Wasserstoff anstatt Benzin oder Diesel verbrannt wird. Das Abgas besteht nur aus unschädlichem Wasserdampf. Allerdings muss der Wasserstoff erst aufwendig hergestellt werden.

Hybridauto:
① Verbrennungsmotor
② Elektromotor
③ Steuergerät
④ aufladbare Batterie (Akku)

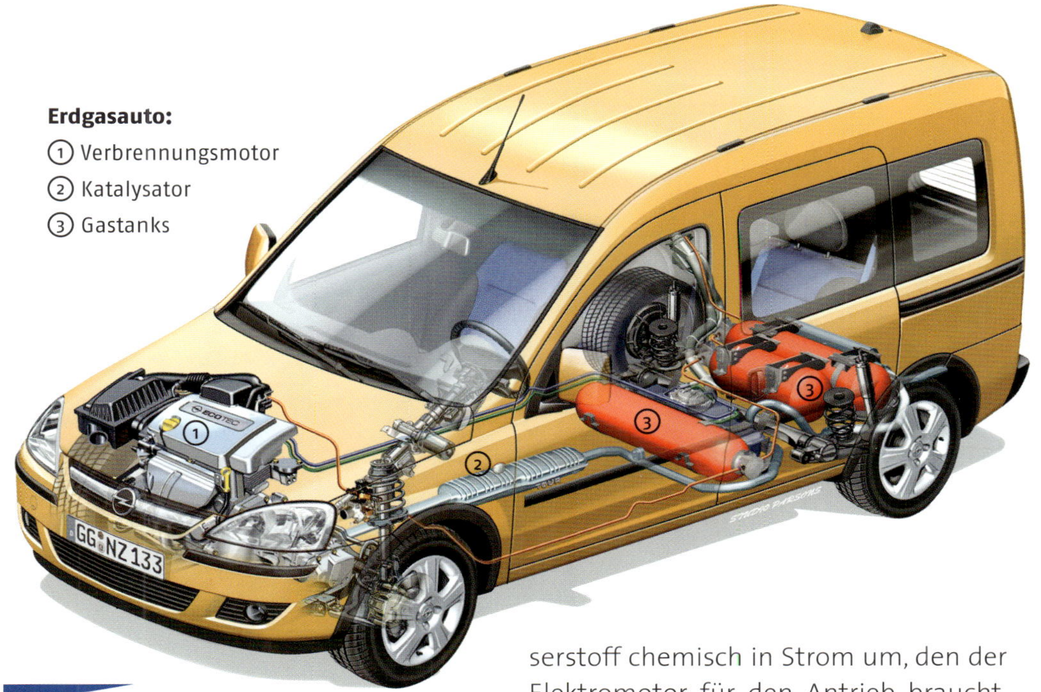

Erdgasauto:
① Verbrennungsmotor
② Katalysator
③ Gastanks

Solarautos

Solarautos sind Elektroautos, die Sonnenstrahlen anstatt Strom „tanken". Solarzellen auf dem Dach wandeln die Sonnenenergie dann in Strom um. Diese Autos sind zwar sehr umweltfreundlich, aber sie haben zu wenige Solarzellen, um genug Strom für eine ausreichende Leistung zu produzieren. Deshalb findet man sie im normalen Straßenverkehr nicht.

Welche Vorteile haben Erdgasautos?

Erdgasautos stoßen weniger schädliche Abgase aus als herkömmliche Pkws. Sie fahren mit einem normalen Verbrennungsmotor, den man nur umrüsten muss. Erdgas ist zwar ebenfalls begrenzt vorhanden, aber es wird einige Jahrzehnte länger reichen als Erdöl. Erdgasautos können alternativ auch mit Biogas fahren. Dieses muss allerdings aufwendig aus gärenden Pflanzenresten gewonnen werden.

Wie funktionieren Brennstoffzellenautos?

Diese Autos fahren ebenfalls mit Wasserstoff. Sie besitzen aber im Gegensatz zu einem Wasserstoffauto keinen Verbrennungsmotor, sondern einen Elektromotor. Eine Brennstoffzelle wandelt den Wasserstoff chemisch in Strom um, den der Elektromotor für den Antrieb braucht. Brennstoffzellenautos sind genauso schadstoffarm wie Wasserstoffautos.

Wie sieht Autofahren in der Zukunft aus?

Autofahren wird durch neue Technik noch sicherer werden. Vielleicht können Autos irgendwann sogar von allein fahren und selbstständig Unfälle vermeiden. Welche Antriebstechnik sich durchsetzen wird, kann man heute aber noch nicht sagen. Die Autos der Zukunft könnten Brennstoffzellen- und Elektroautos sein, wenn auch Strom und Wasserstoff in Zukunft umweltfreundlich hergestellt werden.

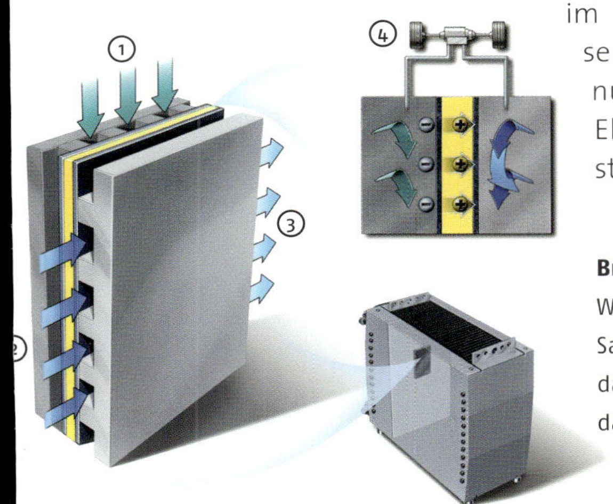

Brennstoffzellen wandeln Wasserstoff ① mithilfe von Sauerstoff ② in Wasserdampf ③ um und erzeugen dabei Strom ④.

Die Sonne ist eine der umweltfreundlichsten Energiequellen. **Solarparkplätze** könnten in Zukunft die Elektroautos – auch kostengünstig – mit Strom versorgen.

Stichwortverzeichnis

Bildnachweis

ADAC e. V.: S. 23 o. M.

Adam Opel AG: S. 5 o. Logo Opel, S. 5 o. Querschnitt, S. 5 M., S. 8 o., S. 10 o., S. 12 o. l., S. 19 o. l., S. 26 M., S. 26. u., S. 45 u. r., S. 46 u., S. 47 o., S. 47 u. l.

AUDI AG: S. 17 M., S. 20/21 u., S. 21 M. l., S. 23 u. r., S. 32 u. r., S. 45 o.

BMW AG: S. 3 u. r., S. 5 o. l. Logo BMW, S. 5 o. Logo Mini, S. 5 u. l., S. 11 o. l., S. 25 M. l.

Daimler AG: S. 4 u. l. SmartFortwo, S. 4 u. l. Mercedes S-Klasse, S. 6 Hintergrund, S. 20 u. l., S. 10 u. r., S. 12 o. r., S. 12 u. r., S. 15 o. l., S. 17 u., S. 19 o. r., S. 19 M. r., S. 19 u., S. 21 o. r., S. 25 u., S. 27 u.

Dr. Ing. h.c. F. Porsche AG: S. 32 r. o.

Ford-Werke AG: S. 5 u. r.

fotolia.com: S. 4 M. r. (OrpheusXL), S. 8 M. (Digipic), S. 9 o. l. (3dvin), S. 9 o. r. (Carlo Toffolo), S. 9 M. (Jürgen Fälchle), S. 9 u. (pmphoto), S. 11 M. (Krzysiek z Poczty), S. 11 u. l. (Stephen Sweet), S. 11 u. r. (Silviu G. Halmaghi), S. 12 u. l. (lassedesignen), S. 13 o. (Matthias Fanknowski), S. 13 M. (topshots), S. 14 M. (daseaford), S. 14 u. l. (Tanja Bagusat), S. 14 u. r. (Ignat Lednev), S. 15 o. r. (Georg Preissl), S. 15 u. r. (rotes Auto) (lenka), S. 16 o. l. (Richard Schramm), S. 16 o. r. (Roman Milert), S. 16 u. r. (Maksim Toome), S. 17 o. r. (DJ-Abou), S. 18 o. l. (dpchung), S. 18 o. r. (Paul Fleet), S. 18 M. (Tatjana Balzer), S. 22 o. l. (m_reinhardt), S. 23 o. l. (Harri), S. 23 Kasten o. (flyfisher), S. 24/25 u. (suprun), S. 25 M. r. (Thaut Images), S. 26 o. l. (Nikiandr), S. 26/27 o. (3drenderings), S. 28/29 (sashpictures), S. 29 o. l. (China) (jeayesy), S. 29 o. r. (Elch) (foto.fritz), S. 29 o. r. Flugzeug (Pixel), S. 29 o. r. Koala (Part-Time-Explorer), S.29 o. r. Scooter (Rog999), S. 29 u. l. (Andreas Hagedorn), S. 29 u. r. (lagom), S. 30/31 (darknightsky), S. 30 o. l. (remik44992), S. 30 o. r. (frogmo9), S. 31 M. r. (Kathrin39), S. 31 u. l. (Hieronymus Ukkel), S. 32/33 (iscatel), S. 33 o. r. (Nemanja), S. 33 o. r. (Deyan Georgiev), S. 33 u. l. (lassedesignen), S. 34 l. (jörn buchheim), S. 35 o. l. (runzelkorn), S. 35 o. r. (Jürgen Fälchle), S. 37 o. r. Lieferdienst (mangstock), S. 37 o. r. Verladen (Ilan Amith), S. 37 o. r. (Taxi) (jeancliclac), S. 37 M. (runzelkorn), S. 37 u. r. (Gina Sanders), S. 40 o. r. (Andy Rhodes), S. 42/43 Hintergrund (INFINITY), S. 43 M. Tuning (tasssd), S. 44 u. (lenka), S. 45 M. l. (Oliver Klimek), S. 47 u. r. (arsdigital)

Goodyear Dunlop Tires Germany GmbH: S. 13 u. l.

mauritius images: S. 14 o., S. 18/19 u., S. 21 u. r., S. 24 o. r., S. 27 M., S. 28 o., S. 29 o. l. Dubai, S. 30 M., S. 30 u. r., S. 31 M. l., S. 36 o. r., S. 37 o. l., S. 37 u. l., S. 38 u., S. 45 Kasten o.

picture alliance: S. 4 u. l. VW Golf (Fotoreport Volkswagen/dpa), S. 4 u. Mitte (Fotoreport Audi AG/dpa), S. 5 o. Logo Seat (dpa), S. 5 o. Logo Renault (Lacy Perenyi/augenklick), S. 5 o. Logo Fiat (picture alliance/Photoshot), S. 5 o. Logo Ford (ERIC SEALS/picture alliance/landov), S. 6 o. l. (akg), S. 6 o. r. (akg), S. 6 M. (akg), S. 6 u. l. (akg), S. 7 o. l. (akg), S. 7 o. r. (Nestor Bachmann/dpa), S. 7 M. (akg), S. 8 u. (Catherina Hess/Sueddeutsche Zeitung Photo), S. 11 o. r. (Wissen Media Verlag/dpa), S. 13 u. r. (epa Nikos Mitsouras/dpa), S. 15 M. (Honda_Uk_Media_/_Ho/epa-Bildfunk), S. 15 u. l. (M.i.S.-Sportpressefoto), S. 16 u. l. (Wissen Media Verlag/dpa), S. 17 o. l. (Db Ansgar Pudenz/Deutscher Zukunftspreis/dpa), S. 19 M. r. (Fotoreport DaimlerChrysler/dpa), S. 20 o. l. (Revierfoto/dpa), S. 20 o. r. (Arne Dedert/dpa), S. 21 o. l. (Nestor Bachmann/dpa), S. 21 M. r. (Uli Deck/dpa), S. 21 u. l. (Thomas Muncke/dpa), S. 22 o. r. (Fotoreport DaimlerChrysler/dpa), S. 22 u. l. (Veltins/dpa), S. 22 u. r. (Manfred Segerer), S. 23 o. r. (Thomas Frey/dpa), S. 23 M. (Jens Wolf/ZB-Fotoreport), S. 23 u. l. Foto oben (Mercedes-Benz/dpa), S. 23 u. l. Foto unten (Pressenbild Kjellström/dpa), S. 24 o. l. (Hendrik Schmidt/dpa), S. 24 u. l. (Caroline Seidel/dpa), S. 24/25 o. (Fotoreport Volkswagen AG Nutzfahrzeuge/dpa), S. 24/25 M. (Rainer Jensen/dpa), S. 26/27 u. (Regina_Kuehne/epa-Bildfunk), S. 27 o. l. (Fotoreport DaimlerChrysler Mercedes-Benz/dpa), S. 27 o. M. (Fotoreport DaimlerChrysler Mercedes-Benz/dpa), S. 27 o. r. (Fotoreport DaimlerChrysler Mercedes-Benz/dpa), S. 28 M. l. (Buckstegen Christoph/Sodapix AG), S. 28 M. r. (Oliver Berg/dpa), S. 28 u. l. (Stephanie Pilick/dpa), S. 29 o. l. Argentinien (Leonardo Petricio/dpa), S. 30 u. l. (Jens Wolf/dpa), S. 30 M. (James Hardy/PhotoAlto), S. 31 o. l. (dpa/Bernd Wüstneck), S. 31 o. r. (Rui Vieira/PA Wire/empics), S. 31 u. r. (Sun Xinming/imageinchina/dpa), S. 32 o. l. (Christian Ohde/CHROMORANGE), S. 32 u. l. (Plessis Thierry/Cameleon/abaca), S. 33 u. r. (Sportfoto Wießmann), S. 34 o. (Martin Schutt/dpa), S. 34 u. (Hans Wiedl/dpa), S. 35 M. (Jens Wolf/dpa), S. 35 u. l. (Kalaene Jens/ZB-Fotoreport), S. 35 u. r. (Peter Endig/dpa), S. 36 o. l. (Jürgen Effner/dpa), S. 36 M. l. (Jürgen Effner/dpa), S. 36 M. r. (Jens Büttner/dpa), S. 38/39 Hintergrund (Laci Perenyi/augenklick), S. 38 o. l. (Benoit Doppagne/belga/dpa), S. 38 o. r. (Thomas Melzer/mspb), S. 38 M. (Rolf Kosecki), S. 39 o. l. (Gero Breloer/EPA/dpa), S. 39 o. r. (Diego Azubel/EPA/dpa), S. 39 M. (HOCH ZWEI), S. 39 u. l. (Panimages), S. 39 u. r. (David Ebener/dpa), .s 40 o. l. (Landov Martin Fried 945442/dpa), S. 40 u. (ERIC VARGIOLU/DPPI), S. 41 o. l. (JEAN MICHEL LE MEUR/DPPI), S. 41 o. r. (Mirko Stange/RACE-PRESS), S. 41 M. l. (Lubos Pavlicek/CTK/dpa), S. 41 M. r. (Martin Hangen/ASA/dpa), S. 41 Kasten o. (KPA Larry Burton/ZUMA_Press/dpa), S. 41 Kasten u. (Dave Smith/Icon Smi), S. 42 o. l. (LAT Photographic/ASA), S. 42 o. r.(epa Stefan Rousseau/dpa), S. 42 M. (Ingo Wagner/dpa), S. 42 unten (Sandro Campardo/KEYSTONE/epa), S. 43 o. l. (CHROMORANGE / Dieter Möbus), S. 43 o. r. (John Brown/dpa), S. 43 Mitte (Monstertruck), .S. 43 u. (Lehtikuva Oy/dpa), S. 44 o. (Luiz Guarnieri/Agencia Estado), S. 44 M. (Jhphoto/imageinechina/dpa), S. 45 u. l. (Bernd Weißbrod/dpa), S. 46 o. l. (Charles Guerin/ABACAUSA.COM), S. 46 o. r. (Photoshot), S. 47 M. (Bernd Thissen/dpa)

Volkswagen AG: S. 45 M. r.